中华先贤人物故事汇

屈原

王挺斌 著

中华书局

图书在版编目(CIP)数据

屈原/王挺斌著. —北京:中华书局,2022.11(2024.5 重印)
(中华先贤人物故事汇)
ISBN 978-7-101-15804-5

Ⅰ.屈… Ⅱ.王… Ⅲ.屈原(约前 340~约前 278)-生平事
迹 Ⅳ.K825.6

中国版本图书馆 CIP 数据核字(2022)第 117140 号

书　　名	屈　原
著　　者	王挺斌
丛 书 名	中华先贤人物故事汇
责任编辑	李若彬　董邦冠
责任印制	管　斌
出版发行	中华书局
	(北京市丰台区太平桥西里 38 号　100073)
	http://www.zhbc.com.cn
	E-mail:zhbc@zhbc.com.cn
印　　刷	三河市宏达印刷有限公司
版　　次	2022 年 11 月第 1 版
	2024 年 5 月第 4 次印刷
规　　格	开本/787×1092 毫米　1/32
	印张 3⅞　插页 2　字数 50 千字
印　　数	9001-12000 册
国际书号	ISBN 978-7-101-15804-5
定　　价	20.00 元

出版说明

　　孔子周游列国，创立儒家学说；张骞出使西域，开辟丝绸之路；书圣王羲之，留下了曲水流觞的佳话；诗仙李白，写下了"举头望明月，低头思故乡"的名篇；王安石为纠正时弊，推行变法；李时珍广集博采，躬亲实践，编撰医药学名著《本草纲目》……

　　这些杰出的历史人物，有的是在中华民族文明进程中做出过突出贡献、对后世产生过巨大影响的思想家、政治家，有的是对中华优秀传统文化的传承传播发挥过重大作用的文学家、艺术家、科学家，有的是为国家安定统一、民族融合团结和中外文化交流做出过杰出贡献的军事家、外交家……他们为中华民族的繁荣发展做出了伟大的贡献，他们的行为事迹、风范品格为当世楷模，并垂范后世。

他们是中华民族的先贤人物。他们的思想、品德、事迹，是中华优秀传统文化的结晶；他们的故事，是对中华民族的禀赋、特点和气质最生动、最鲜活的阐释；他们的名字，在五千年中华文明史上最为光彩夺目；他们为五千年中华文明史书写了最为光辉灿烂的篇章。

为了解先贤，走近先贤，我们精心组织编写了这套《中华先贤人物故事汇》丛书，以翔实可靠的史料为依据，细腻动人的故事为载体，真实地呈现中华先贤人物的事迹、品格和精神风貌，彰显他们的贡献和功绩，激发人们对国家民族的热爱，对中华文明、中华优秀传统文化的崇敬。

开卷有益，期待这套丛书成为你的良师益友。

目 录

导　读……………………………………1

汉　北……………………………………1

入　秦……………………………………14

巫　郡……………………………………28

请　缨……………………………………35

归　尸……………………………………48

流　放……………………………………69

破　郢……………………………………85

悲　吟 ·· 104

屈原生平简表 ·· 116

导　读

　　屈原是战国时期楚地著名的诗人，一生留下了《离骚》《哀郢》《怀沙》等作品，在中国文学史上具有重要意义。但历史上关于屈原生平事迹的记载并不多，主要见于《史记》的《屈原列传》及《楚世家》等篇。

　　屈原出身贵族，与楚王同姓，才华横溢，见识广博，对国家大政有非常清楚的认识，也有出众的外交能力，因此在担任楚国左徒一职时，"入则与王图议国事，以出号令；出则接遇宾客，应对诸侯"。由于在内政外交上的非凡才能，他起初是深得楚王信任的。

　　然而，木秀于林，风必摧之。屈原的仕途很快变得坎坷，遭到上官大夫、靳尚、子兰等人的诬陷而被流放，由左徒转任三闾大夫。楚怀王二十四年（前305），屈原反对秦楚结盟，被流放至汉北，几年后被召还。此后，他极力劝阻楚王入秦，未被采纳。楚顷襄王十三年（前286），听闻怀王客死异乡，屈原悲痛欲绝，对子兰劝王入秦之事耿耿于怀，子兰便暗中使人构陷他，将他贬至江南，一去不返。白起攻破郢都后，屈原自沉汨罗江。

汉 北

一

起风了。两行鸿雁自北飞过，汉水南岸，一抹橙红舞动起来，浓香四溢。不远处，一叶扁舟顺着水流缓缓驶来。

"船家，且住！"下来一位瘦削的旅人，头戴高冠，双鬓斑白，藏青色的衣带上挂着一块玉佩。他朝着那片橘林走去，脸上略有愁郁，但很快就被这里的勃勃生机所驱散。他曾到过北地，那儿的橘子暗黄清瘦，酸涩无香，被人们唤作"枳"。而这片橘林仿佛受了天命，生在南国，每到这个时节，绿瘦红肥，让他感到非常舒服。

　　两行鸿雁自北飞过，汉水南岸，一抹橙红舞动起来，浓香四溢。不远处，一叶扁舟顺着水流缓缓驶来。

"三闾大夫，天色已晚，请速速上船！"

他，便是屈原。

二

公元前306年，秦昭襄王即位。他在魏冉的帮助下，铲除了争位的兄弟，威震秦国。第二年，他向楚国赠送了大量的车马、牛肉、黄金、皮革、美女，打算先结交楚国，然后发兵东进。

"诸位爱卿，秦王送来厚礼，想要联姻结盟。寡人以为，与齐国联合，倒不如与秦联合。"楚怀王微捋髭须，与秦和好的念头蠢蠢欲动。秦昭襄王的父亲是惠文王，曾多次侵伐楚国，扰得楚国上下鸡犬不宁；惠文王死后，昭襄王的哥哥武王即位，原本是个交好的良机，可惜天有不测风云，他竟然举鼎折膑，死于非命；现在昭襄王主动示好，这个机会绝不可错过。

话音刚落，屈原避席奏道："君王，臣以为，此事尚需从长计议。秦国一家独大，六国应当协力同心，合力抗秦。八年前的丹阳、蓝田之战，已让我国受了莫大的耻辱。联齐抗秦，方能一雪前耻。秦王今日示好，明日便会大动干戈，君王一定不要被财物、美色所蒙蔽。"

怀王沉思起来，朝堂鸦雀无声。

丹阳、蓝田之战是怀王的一块心病。当年，秦惠文王想要伐齐，担心楚国干涉，遂命令张仪出使楚国。张仪巧言善辩，先晓以利害，然后许诺割让商於六百里土地，作为和齐国绝交的条件。怀王十分高兴，连忙拜他为相，日日酒肉，夜夜笙歌。屈原屡次进谏，总是吃闭门羹。和齐国绝交后，怀王旋即让人前去领地。不料，张仪声称坠车患病，拒不见客。怀王心想，莫不是自己绝齐还缺乏诚意？于是特命勇士宋遗在临淄北门击鼓谩骂。这激得齐王火冒三丈，决然与楚断交。而此时张仪又故作糊涂，把商於六百里说成六里。这下怀王才幡然醒悟，那全是秦国君臣的阴谋，急忙发兵攻秦。秦国早有准备，迅速集结大军，在丹阳大败楚兵，斩首八万，掳将十员。怀王还不甘心，又尽起全国兵马，与秦战于蓝田。没承想，韩、魏两国又趁机来偷袭。楚国三面受敌，溃不成军，不得不引兵而归。此后，怀王耿耿于怀。

旁边有人嗤笑了几声，道："此一时，彼一时。秦王虽然新立，但充其量只是一个乳臭未干的小儿，不足为惧。他既然有意与我交好，是个审时度势的明君，君王何不顺势卖个人情？齐国势力不如秦国，联秦的好处真是比那云梦泽还要大啊！"众臣目光齐聚，原来是靳尚。他平日亲近郑袖，郑袖是怀王最宠爱的妃子，爱屋及乌，怀王也很信任他。

"靳大夫所言甚好。"怀王一改愁容，指着靳尚笑起来。

屈原连连摇头，侧身转向靳尚，道："秦国有个能臣叫魏冉，足智多谋。拥立嬴稷为王，平定嬴壮叛乱，就是此人。咸阳有魏冉在，我等不可小觑。我还听说，他手下有一员猛将叫白起，骁勇善战，将来可能是秦国的顶梁柱。靳大夫，莫欺秦国无人。"

"长他人志气，灭自己威风！畏首畏尾，非大丈夫所为。什么白起黑起，无名鼠辈，何足道哉！"靳尚仰头大笑。

"知己知彼方可百战不殆，自大自负只能误国殃民。"

"屈大夫，若说是樗里疾，还可以怕一怕。魏冉、白起这班人，不过是跳梁小丑。君王，臣听太祝说，这段时间西北常有赤色云气，星辰忽明忽暗。我等不如静观其变，阳为联姻结盟，阴里灵活机变，这才是上上策。"

"魏冉是跳梁小丑？"

"草芥！"

屈原怒火中烧，看看怀王，又不敢造次。怀王心中已有主意，频频点头，道："暂依靳大夫。如今宫中还有子弟尚未婚娶，靳大夫，速速备办布帛、金币、牛羊送至秦国，让他们赶紧议定婚期。届时，派人亲迎。"靳尚避席叩拜，斜着眼睛看屈原，然后随众臣退去。

屈原忧心忡忡，垂头跪坐不起。

怀王道："屈大夫？"

"君王，臣有些担忧。"

"什么担忧？"

"君王在合纵大计上这样反复，一旦亲秦，臣担忧五国会发兵前来问责。"

"屈大夫多虑了，纵有五国来犯，秦楚联手，足可应对。"

"倘若……秦王坐山观虎斗，对楚国置之不理，怎么办？"

"既然联姻结盟，不会不顾道义。"

"张仪……"

"屈大夫……屈大夫不要再说了，退下吧。"

"君王请三思。"

"退下！"

三

这年秋天，怀王派人迎娶秦女。转年初春，怀王与秦王在黄棘会见，订立盟约：从今往后秦楚就是兄弟，彼此开诚布公，同舟共济，如果背弃盟约，人神共诛。秦王为表诚意，特将上庸这块地还给楚国。怀王结了盟，得了地，欣喜若狂，回郢都后大宴三天，家家减租一月。

靳尚见主和的策略已然奏效，想借此对屈原发难。当年屈原草拟好宪令，曾递呈给上官大夫。上官大夫看了大喜，想占为己有，命靳尚去劝说。靳尚见了屈原，晓以利害，不料被屈原痛斥一顿，像被狗血淋了头，一时语塞。此后他便怀恨在心，一有机会便肆意向怀王进言。他在屈原身边安插了细作，监视甚紧。总算有一天，细作密呈几根竹简，上书"数惟荪之多怒兮，伤余心之忧忧"等字样。靳尚大喜，连夜拜见怀王，道："屈大夫为人恃才傲物，矜伐其功，自以为国士无双。君王，他天天念叨'数惟荪之多怒兮，伤余心之忧忧'——我常常想起'荪'是那么爱动怒，把我的心真是伤透了。君王，这'荪'说的就是您啊！说您是暴脾气，真是以下犯上。臣听说，他常常对人讲丹阳、蓝田之战以及张仪，毫不忌讳，真是胆大妄为！"怀王勃然大怒，将竹简甩到地上，挥挥手让靳尚退下。

一个月内，上官大夫、郑袖等又接二连三地说屈原的坏话，甚至连乡野路人都有微词。两个月后，怀王便将他贬为三间大夫，迁至汉北。

四

汉北，屈原小时候曾随父亲到过这里。彼时欣喜若狂，此时忧愁万千。

那晚乘舟归去，忽然风雨大作，波涛汹涌，只好在谷地歇脚，不知不觉中睡着了。醒来时，雨停了，屈原发现自己倚靠着一堵崖壁。崖壁上刻有画作，有山川、神鬼、飞禽、走兽、花草、鱼虫、贤圣、古王……

顿时，他脑海中浮现出许多疑问：

天地形成之前是什么样子？天高九重，有人去度量过吗？八根天柱如何撑着上天？东南地势为何下倾？天地在哪里交会？日月星辰如何连属列陈于天？太阳从平旦至于日暮，走了多长的路？月亮为何死了却可以重生？天地瑞气到底在哪里？百川东流于海，为何总不满溢？东西南北四方土地，哪方更长，哪方更大？昆仑山上有玄圃，具体在何处？

神女女岐没有配偶，为何能够生下九子？女娲为何人头蛇身？瘟疫大神伯强居于何处？鲧不能治水，当初众人为何要推举他？没有功劳也有苦劳，

　　醒来时，雨停了，屈原发现自己倚靠着一堵崖壁。崖壁上刻
有画作，有山川、神鬼、飞禽、走兽、花草、鱼虫、贤圣、
古王……

帝尧为何非得对他施刑？将他禁闭在羽山三年，为何不放？禹的治水方法怎么样？后羿怎样射下九日？日中灵乌如何解体？为何他射伤河伯，夺取他的妻子洛嫔？为何他能射穿皮革，妻子与寒浞却又把他灭了？成汤为何被囚禁在重泉？纣王为何厌恶忠臣，偏信小人？为什么忠信正直的比干遭遇杀戮，而阿谀奉承的雷开却领受封地？……

五

冬天过去，万物复苏，大地回春。

一群衣衫褴褛的难民从北往南逃奔，狼狈不堪。

"老丈，你们这是？"屈原向一位白发老者作揖而问。

"韩、魏打过来了，很凶，赶紧跑吧！"老丈紧紧拽着总角的小儿，匆匆作答，头也不回地继续赶路。

韩、魏两国来攻？这一定是齐王的唆使。如今田文做了齐相，三国连年征战不息。不出所料，汉东也已遭侵略。屈原晓得，三国来攻是因为楚国背弃合纵，而秦国会不会伸出援手呢？

他取下发簪，搔头唏嘘。

"屈大夫！"不远处传来一声叫喊。

屈原定睛一看，前面有辆马车驶来，原来是昭雎。

"屈大夫，君王召您回郢都。"昭雎作揖说道。

"君王？"屈原倒吸一口凉气，停顿了片刻又问，"君王安然无恙吗？"

"君王很好，只是楚国将有大事。"昭雎顾盼左右，"屈大夫，三国来攻！"

"君王身边有小人当道，靳尚在哪儿？"

"托病不出，一个多月了。"

"无耻小儿！"

"这，如何解围？"

"如今，只能求救于秦国。秦、楚既然联姻结盟，出于信义，当前来营救。"

昭雎长叹一声，按剑答道："屈大夫，实不相瞒。君王已派使者去秦国求救，但秦王却百般刁难，欲使太子作为人质，才肯发兵。"

"这一定是魏冉、白起他们的诡计！果然是虎狼之国！"

"眼下，只能游说齐国。"

"齐相田文也不是等闲之辈，对我楚东早已虎视眈眈，此次恐怕不会轻易收手。赵王忙着对付中山国，无暇顾我。燕国远在东北，自子之动乱后又元气大伤。只有秦国出兵相助，我国方能解围。只是，太子正在秦国做人质，秦国势必借此要挟我们。"屈原望向西北，双手交于后背，无奈地摇了摇头。

"三国来势汹汹，秦国又趁火打劫，真是雪上加霜，祸不单行。"

"当初他们来示好，或许早已有预谋。"

"太被动了，只能走一步看一步。屈大夫，还望您再出使齐国，重结两国之好！"

屈原沉默片刻。

昭雎从身上摸出一枚玉环，递给他："这是君王信物。""玉环？"屈原愁容骤减。"环"就是"还"，看来，君王确实有心召他回去。

入　秦

一

　　楚国太子入质秦国后，秦王发兵营救，齐、魏、韩三国见势不妙，迅速撤兵。不久，太子与秦国大夫发生私斗，不慎杀了他，私自逃回楚国。秦王大怒，兴兵伐楚。三年内，楚国折将失城，损失惨重，只好向齐国求救，以太子为人质。公元前299年，秦王伐取楚国八城，打算与楚王会面。

二

　　郢都渚宫一片静谧。

一人头戴皮弁，身着玄衣，右手按着剑柄，缓步走上台阶。进门后，双目徐徐扫视两旁文武群臣。见到怀王，身体稍稍前倾，拱手高呼："拜见君王！"

"大胆！"昭睢按剑而踞，"见我君王，为何不跪？"

秦使冷笑一声。

昭睢怒目圆睁，拔出剑来。"且慢！"怀王顾忌如今秦国势大如虎，遂道，"无妨无妨。秦使远道而来，不知有何赐教？"示意旁边的侍卫取出方席，置于秦使面前。

秦使暗想，先前有人说楚王如何威严，群臣如何多智，原来是一群乌合之众，于是答道："回君王，此番特来送信。"他犹豫片刻，才跪坐在方席上，身子直挺挺，仿佛高人一等。

"哦？"怀王心中奇怪。就在前不久，秦王命左庶长伐楚，斩首两万，取八城，杀景缺。而今又命华阳君猛攻新市，楚国朝野震惊。现在秦使特来送信，不知是何诡计。注视秦使片刻后，怀王右手上抬："为寡人念来！"

秦使从衣襟中取出一块缣帛，不紧不慢地展开，清了清嗓子，高声宣读：

当初我与君王您相约为弟兄，在黄棘订立盟约，以您的太子为人质，我们的关系非常融洽。怎料太子杀了我的重臣，也未向我谢罪，便私自逃离了秦国。我当时怒不可遏，一气之下发兵到楚国边境。现在听说您把太子送到了齐国当人质，以此求和。秦、楚两国土地接壤，还曾缔结过婚姻，保持着长期的友好关系。现在两国失和，难以号令诸侯。我希望和您在武关会见，当面结盟，这是我的心愿。现在我冒昧地将这个想法报告给您。

原来，秦王想让楚王去武关会面。武关虽在秦楚两国边境，但对秦更为有利，如今秦王占了上风，直接会面，恐怕会输了气势。怀王双眉挤到印堂，额头冒汗，不知该如何作答。

秦使斜着眼睛看看两旁，文武大臣面面相觑，摇头叹气。

屈原正襟危坐，心想，秦王现在软硬兼施，咄咄逼人，不如闭门商议商议，再作答复。于是退席快步走到怀王身边，私下低语。怀王点头称是，命人带秦使回馆驿歇息。

秦使走时瞥了屈原一眼。

"秦王既然如此，依臣愚见，不如与之交好。秦楚虽然征战频仍，但历来互为婚姻，绝非世仇。臣以为，君王入秦可以无忧。"靳尚环顾群臣，看到有人点头，又笑着对怀王说，"君王，秦国已取我八城，杀我大将，国内空虚，百姓惶恐。如今秦王有意，不如权且依他，这样才是上策。否则，秦王一旦动怒，再发大兵来袭，我等恐难抵挡。六年前，秦王邀我结盟，后来齐、魏、韩三国来攻，秦王不是也派兵救援了吗？盟约在，两国就是一体。"

"这是秦王诡计，不可轻信。"屈原摇摇头，"顺从其意，恐怕只会自取其辱。秦国乃虎狼之国，素无信义，天下人所共知。诸位同僚可别忘了张仪，那个欺君罔上的贼人！再说，魏冉老奸巨猾，不可不防。君王，臣以为此事万不可从。方才秦使那嚣张跋扈的姿态、颐指气使的嘴脸，分明是来者不善，根本没把您放在眼里。君王，我国与秦势不两立！"

靳尚看了屈原一眼，笑道："秦王主动示好，难道要拒人于千里之外？"

"秦王唯恐我国与齐国为盟，然后同燕、赵、魏、韩结成合纵之势。六国合纵如长蛇，叩关攻秦，势如破竹。此前君王曾为合纵长，搅得秦国鸡犬不宁，咸阳百姓无处见青天。为今之计，只能再行合纵之策，杀至函谷关。心存侥幸而苟且结盟，这是下策。臣听说，秦人野心极大，君王不可不防，不能羊入虎口！"

"羊入虎口？"靳尚听到这四个字，手指屈原，"怎可将君王比之于羊？屈原，你好大的胆子！"血口喷人是他的一贯伎俩，这次也不能错过。

"我等本为嫡姓，嫡、芈，听起来差不多，芈就是羊叫。靳大夫，要多读书。"

靳尚咬牙搔首，一时语塞，不能应对。

昭雎乘间进言："君王，臣以为屈大夫所言甚是。秦王恐有吞并天下之意，其志不在小。秦孝公

靳尚看了屈原一眼，笑道："秦王主动示好，难道要拒人于千里之外？"

任用卫鞅变法后，国力日进，大有蚕食中原、统一天下的野心。秦、楚和好，恐非长久之计，赵、魏、韩这三晋之地一旦为秦所有，我国将岌岌可危，正所谓'唇亡齿寒'。"

这时，群臣中出现一个稚嫩的声音："君王，秦王有意与我交好，无由拒绝。我等阳为结盟，背地里实可暗取三晋之地。到时候是谁'唇亡齿寒'，还不知道呢。"说完，大笑起来。怀王抬头一看，原来是少子子兰。子兰平日与靳尚过从甚密，政事主张往往倒向他那边。这番话说得也不无道理，怀王微微点头。

屈原怒道："与虎谋皮，还想得利？秦王素有野心，群臣中如张仪那般反复无常的人也不在少数，我等绝不可与之为盟！与虎狼为友，恐怕会命悬一线。眼下只可抗秦，不能联秦。君王，五年前齐、魏、韩三国来伐，不就是因为我等有负合纵之约吗？昔者文王、武王率仁义之师而天下定，一旦信义有失，出师必败！邹国的孟轲曾说过：'得道者多助，失道者寡助。'秦国失道，我等当联合五国共击之。"

子兰挺起胸脯，笑道："屈大夫真是目光短浅！秦王是何人？宣太后之子！宣太后是何人？芈八子！既然姓芈，心里向楚还是向秦？不如先命人传书于宣太后，告知此事，想必嬴稷小儿不会造次。君王且去，我等率兵暗保，当无后患！"子兰幼时在屈原门下读书，生性顽皮，屡遭杖责。长大后，不再尊称屈原为"先生"。

旁边的靳尚频频点头，与子兰交换眼神："对对对，有宣太后作保，断无后患，断无后患！"面朝子兰，暗露大拇指。

"宣太后？"昭雎不禁皱起眉头。听人说，昭襄王即位时，义渠王来贺，宣太后主动前去交好。但这只是表象，以秦国的处境来看，北边义渠势力过于强大，而嬴稷年幼继位，萧墙内外都是祸患。宣太后稳住义渠王，自然是以大局为重，这是个城府很深的女人。如今有穰侯魏冉与泾阳君公子市、华阳君芈戎、高陵君公子悝这"四贵"辅政，秦国如日中天。

屈原道："宣太后早已嫁至秦国，心在秦而不在楚，诸位请三思！"

"有何可惧？我等领兵暗保君王，一旦有变，自当应对。莫教天下人笑我软弱，欺我无能！"子兰昂首说道，一股自信涌上心头，恨不能马上披坚执锐，征战沙场。

靳尚附议："甚是，甚是！"

"君王九五之尊，岂可儿戏？"屈原力争。

靳尚道："秦王尚且年幼，不敢造次，君王可放心前去。子兰之策，可保万无一失。再说，君王此前亦曾会见秦王，秦王必不敢鲁莽行事。"

屈原、昭睢面面相觑，无力辩驳。怀王良久才开口："此事容寡人再思量思量。太祝、太卜、司礼，速速准备荆社祭祀大典，近来我国战事颇为不利，寡人想沐浴斋戒，择一良辰吉日，亲自向诸神祈祷，询问天意到底如何。今日朝议既毕，诸位爱卿且退。"

三

一旬之后的丁亥日，荆社举行祭祀大典。土台上，怀王头戴金冠，身穿赤衣，手捧珪璧，跪坐在摆满牺牲的案几前，文武重臣则伏在两侧。台下灵巫高声祝祷，八列舞者戴着面具跳舞，东西两侧编钟鸣响，四周青烟弥漫。

辰时，舞停乐止。

怀王正冠振衣，然后长呼一声，谦称"小子槐"，责怪自己怠慢了山川诸神，祭祀不勤，以至于国破人亡，今后将努力修德修行，祈请诸神保佑。宣读完毕，太祝命人将牛、羊、豕三牲沉入水中，洒上玄酒；又将另外三牲埋入坎里，配以毛血。灵巫手舞足蹈，口中念念有词，展示着诡秘的通灵大法，仿佛神鬼正在陟降往来。

辰时三刻，怀王示意太卜、司礼等准备占卜。

司礼打开漆制的匣子，端出背面打满钻凿的大龟腹甲，以麈尾拂去灰尘。龟尹（太卜的属官）命人取来火把，自己则从袖中掏出数根手指粗的木棍，点燃后又吹灭，递给太卜。太卜一边口念祭语，一边将木棍灼烧的一头迅速插遍腹甲背面的钻凿。

腹甲正面渐渐出现裂纹，越来越明显。

"上扬了！上扬了！"太卜又惊又喜，对着怀

　　"上扬了！上扬了！"太卜又惊又喜，对着怀王说，"君王请
看，龟甲卜兆的兆枝上扬了！"

王说，"君王请看，龟甲卜兆的兆枝上扬了！"怀王欣然开颜，呼道："吉兆！横向裂纹上扬，大吉！看来天意在我，入秦无忧，入秦无忧！"群臣齐声欢呼。

屈原紧皱眉头。虽然卜兆大吉，他心里却有一种莫名的不安。按理，他是应该信的。周文王得到了上天的旨意，武王克商而有周，至今八百年，这不是天命吗？而如今，上天赐意，卜兆大吉，天命果真在怀王。但秦国本为虎狼之国，蔑视道义，君王深入虎穴，恐有不测……对，文王不也曾被囚于羑里吗？东方的孟轲说："天将降大任于是人也，必先苦其心志，劳其筋骨，饿其体肤，空乏其身，行拂乱其所为，所以动心忍性，曾益其所不能。"上天把大事交托给一个人，一定会在身体和精神上考验他，这样才能使他成就大业。屈原反反复复地默念这段话。

四

七日后，怀王带着一班文武大臣乘舟从水路入秦，每三船连为一体，随行八千水师。先从长江往东，北走汉水，最后由丹水一直到武关。暗地里命两位将军率大军自漳水北上，越过荆山，潜伏在郧城，随时准备接应怀王。临行时，命靳尚、屈原协助子兰处理楚国内外政事。

五

"也不知君王如今身在何处。"屈原从窗口望着家中老槐，掷笔而出，喃喃自语。此番奏议部署，不知是否妥当。昭雎文武双全，行事谨慎，公无恤是大楚第一力士，有万夫不当之勇，有他二人在，可保君王无虞。但雨季将至，水位升高……司舟深谙水性，从未出过差池，无妨无妨。不知秦地有无龟鳖、鱼蛤这些美味，烹饪调味等事也要用心，万万不可怠慢。不，此事尚小，如今当修书两封，让子兰致于宣太后与齐王。让宣太后知晓此事，念在同姓，保我君王无忧；同时与齐王继续修好，使其善待太子。这才是当务之急。

屈原拾起刀笔，在简册上奋力疾书。

日晷移易，案几底下积满了竹屑。侍女女嬃端茶进来，远远看到屈原脸上多出几道髯须，不禁大呼一声。屈原猛地抬头："何事惊慌？"女嬃放下茶水，凑近身子瞧了瞧，忽然捂住嘴巴，哑然失笑。"你怎么前呼而后笑？"屈原直起身，搁下笔。"喏！"女嬃从木架上取出铜镜，竖在他面前。屈原忍俊不禁："此墨恰似游龙一般，竟在我脸上乱舞，甚有灵性！"

　　夜里，屈原命属吏携带简册送往秦、齐二国。

巫 郡

一

怀王入秦之后，内政由子兰、靳尚把持，郢都变得乌烟瘴气，屈原只好请求去巫郡督军。

路上遇到一座废弃的土城，塌了一角，苔痕遍布，看上去死气沉沉。城门久未修缮，木枢上端已经朽蠹，门扇歪斜着。城里是破败的屋舍，从南门隐约可以一眼望到北门。白骨横在乱石杂草中，东一处，西一片，大大小小，上头积满了黄土，中间还有锈迹斑斑的兵器。走近看，蚊蝇叮着腐肉。这里也许曾被屠城。夕阳下，乌鸦仍在城头哀呼，仿佛在讲述那段血腥的往事。

屈原悲恸不已，命士卒在附近挖了地坎，掩埋那些白骨。他在城门口独自徘徊，暗吟"操吴戈兮被犀甲，车错毂兮短兵接"，至"身既死兮神以灵，子魂魄兮为鬼雄"句，不禁搔首长叹。

他曾随父祖见过征战场面。那些英勇的将士，手持吴戈，身披犀甲，有气吞山河的雄壮气势。百千战车交接碰撞，短兵白刃杀声凌厉。旌旗蔽空，敌军如云，箭如雨下，但将士们仍然义无反顾，前仆后继，视死如归。

这座废城，一定也曾有过这番景象。

二

巫郡，因巫山而得名。巫山巍然耸立，风景秀丽。年少时，屈原曾和怀王一起游猎至此。兴尽而息，怀王做了一场梦。他梦见一女子螓首蛾眉，顾盼生姿，自称巫山之女，是祝融的后人，雨师云母命她在此旦为朝云，暮为行雨。那时候的屈原，总是陪君王盘桓嬉戏。如今秦国得了巴蜀，时刻想从巫郡直捣郢都，他哪有心思在此游玩？唇亡齿寒，巫郡决不能丢。

见到巫郡守臣，屈原令他加紧操练兵马。每三旬举行军事演习，并且定期让将兵协助农事。同时加厚城墙，护城河挖深三尺，每隔五里设一烽火台，并有专人巡逻。兵器刻勒工名，以防匠人粗制滥造。减免百姓赋税，鼓励堕山求金、煮水为盐，耕作以时，不取幼畜。凡生育者，不论男婴女儿，皆可受赏肉脯、粟米。一时间，百姓对怀王感恩戴德，巫郡一片欣欣向荣的景象。

三

不久，属吏从郢都前来复命。

屈原问："君王无恙吧？"

属吏伏地跪拜，道出了此行的经过。

一开始，他由漳水北上，后来遭遇盗贼劫掠，拼命逃脱。跋山涉水到了秦国，但把符信弄丢了，入城颇费事，后来从西墙的狗洞钻了进去。想进咸阳宫，但因为他蓬头垢面的样子，守卫死死地拦着。盘缠早已用尽，又不通秦地方言，只好在咸阳

见到巫郡守臣，屈原令他加紧操练兵马。每三旬举行军事演
习，并且定期让将兵协助农事。同时加厚城墙，护城河挖深
三尺，每隔五里设一烽火台，并有专人巡逻。

乞讨为生。一日忽然听见有人口操南音，问后方知是昭雎随从，心中大喜。

昭雎见了属吏，深思半晌，凑近身子对他说，秦王用计骗他们去咸阳，趁机软禁怀王，硬要楚国的巫郡与黔中郡。他曾去宣太后那儿求情，宣太后信誓旦旦地对他说，只要她在秦国，定保君王毫发无损。但宣太后城府颇深，心口不一。昭雎在属吏耳边小声说，如今另立新王才是上策。他和其他大夫商议，一旦楚有新王，怀王便成了一个"空质"，如此便不怕秦王不放人。

屈原听说怀王被困，顿时面色惨白，长叹一声，好恨自己当时没有劝住他，现在手足无措，只能唉声叹气。提到另立新王，他又陷入了沉思。秦王为人绝非大德君子，国中亦有许多蛮夷陋俗。仁义之战的时代早已过去，什么"君子不重伤，不擒二毛"，秦人根本不管这些礼教。此计能否奏效，尚有诸多顾虑。不过，秦王求地甚急，迟早会发兵硬夺。无论如何，让五国知晓此事，秦国便不敢轻举妄动。想到这里，屈原轻轻舒了一口气。但又有一个疑问浮上心头——到底该立谁为王？

属吏接着说，有大夫想立子兰，因为太子尚在齐国做人质，齐王不会轻易放人，至少也会以此要挟，从中渔利。路人皆知，齐王对楚地下东国虎视眈眈，垂涎三尺。但昭雎反对，自古以来，废长立幼是动乱的根源，加上子兰刚愎自用、行事孟浪，难以胜任君王大位。思前想后，昭雎决定动身暗走齐国，亲自游说齐王。眼下，他已在齐国。如果顺利，太子不久后便会回来。

屈原暗道，子兰不得民心，不似人君，但那个不爱读《春秋》的子横，他就能执掌国家吗？子横、子兰两兄弟的为人，屈原非常了解。在他们还小的时候，屈原身兼太傅一职，教授六艺。子兰天性聪颖，有时自视甚高，目空一切，有时却畏首畏尾，色厉内荏。子横为人刚猛，酒色财气样样不落，不喜诗书文墨，只好刀剑戈矛，常常说"暴虎冯河，死而不悔"，最欣赏孔子的学生子路。就品性而言，屈原倾向子横。依宗法，自然也是他更有资格即位。子横虽然好勇，但仍是可以辅佐的君王。子兰刚愎自用，性情不定，伴他如伴虎。

四

　　很快便入秋了，屈原常常独自在城头远望，一站就是半晌。忽然有一天，一小臣飞奔来告，说太子回郢都了。他一阵心悸，接过送来的简册，大声念了起来。至"太子业已即位"处，面容紧绷："准备一只快船，速回郢都！"太子即位，意味着怀王……屈原不愿深想。

请　缨

一

入秋后的郢都，显得有些萧瑟，人们好像都不太愿意出来，日上三竿，街道上还是空荡荡的。

"吁——吁——！"御者高声呼喝，马车应声而止。

屈原见对面四匹高头大马，毛色纯黑，当卢非常耀眼。朱红的伞盖下，一人戎装楚楚。屈原定睛一看，原来是子兰，于是赶紧下车行礼。

子兰瞥了他一眼："哦，屈大夫。你怎么还在郢都？"未等屈原回话，便绝尘而去。

屈原望着扬起的飞尘，想起十几年前曾种植过很多兰花，后来奉命前去下蔡督军，回来后发现这些兰花已经枯死，惨不忍睹。自此，屈原不再栽花。

二

"新王即位了！"

街上两小贩在蹲着闲话。

大胡子道："我那被斩趾的兄弟要回来了。两年前，我家小妹曾被期思那鸟县公掳掠。后来大兄集结数十游侠，一路杀至期思，但寡不敌众，反被那鸟县公拘捕。正好君王在期思狩猎，听闻此事，便让那鸟县公伏锧。但大兄聚众犯禁，仍要斩趾筑城。现在好了，新王即位，颁布了大赦令，大兄要回来喽！"他捋捋胡子，笑了两声。

"当真？"三角眼有点好奇，看大胡子点了点头，又叹道，"还不知君王何时回国。"

"秦人不讲信用，咳！"大胡子声音渐重，"现在我国中有王，不怕他不放人！"

三角眼拍拍大胡子的肩膀，道："新王即位，也没多少好日子。不久又要打仗了！听说秦王出兵武关，强攻析地。一群兵痞，去年糟蹋了我的良田，害我颗粒无收，如今只能织席卖履。"

"谁的兵？"

"令尹子兰！"

"令尹？子兰执掌全国大政了？"

"嗯，传言如此。"三角眼附在大胡子耳边，低声说道，"传言子兰想继承王位，眼下太子回来了，他只能当个令尹咯！"

"哦？原来如此。"

"子兰刚愎自用，性情鲁莽，毫无王者风范。前几天在哪儿吃了败仗，见我庄稼丰硕，竟然就去抢掠，真是畜生，活该当不了王！"三角眼瞅瞅四周，深叹一声，接着说，"这个冬天，恐怕羊裘都不一定能穿上，山中野物也都被那群混蛋抢走了。这乱世，真没法儿活！"

大胡子咳嗽了两声，咽口水，压着声音说："如今这世道，到处都是战乱。前些年郢都逃出来了不少人，都往南边跑，现在哪儿比得上齐国七万户的临淄？城头那秃翁，生了八个儿子，都被秦兵给杀了。"

"八个?"

"嗯，八个! 去年全死光了。三天前，秃翁跟我告别，说要离开这里，再也不回来了。"

"真他娘的!"三角眼破口大骂。

"哎，兄弟兄弟……"大胡子右手勾住三角眼，左手捂住他的嘴，紧张地说，"兄弟可别乱骂，小心点儿。"

"怕啥!"三角眼很有节奏地大声咳了三下，吐出一口浓痰，仰头对天又痛骂了两句，然后用破了洞的袖口擦擦嘴角，对着大胡子大笑起来。

屈原在旁轻叹一声，上车而去。

三

渚宫，顷襄王与群臣正在内殿议事。

"臣拜见君王。"屈原在台阶上高声报道。进门后，他快步走至顷襄王面前，隆重地行叩拜礼。

顷襄王眼睛一亮，急呼"先生"，忽觉不妥，立刻改口叫"屈大夫"："来来来，坐这里，快! 哎呀，寡人一别屈大夫数年，如今相见，分外亲切。想当年，屈大夫把寡人置于怀中，亲自教寡人读书写字，寡人尤为感激。"顷襄王是个性情中人，对屈原的教诲恩德记得很牢。

屈原伏地谢罪："君王，臣当年多有得罪，请君王宽恕。"

顷襄王神色严肃起来，道："屈大夫不必多礼。如今秦王兵出武关，析地十五城有燃眉之急。子兰已经请缨前去增援。屈大夫，父王身处戎秦，寡人甚为担忧。"

原来刚才见到的子兰，正是去领兵拒秦，但那乳臭未干的小子如何运筹帷幄，如何驰骋战场？屈原顾虑重重："不如……"

"嗯？"

"不如修书于齐、韩、魏，请三国联手抗秦？"

顷襄王点头称是："韩、魏两国与我国虽有旧怨，但唇亡齿寒，派一舌辩之士去晓以利害，便可结盟。齐王既放寡人归郢，这是有恩于我，结盟应该不难。"

昭雎道："齐王觊觎我下东国已久，会不会以此作为要挟？"

"不如……暂许他下东国？抗秦后，迎回君……太王，再作谋划。"屈原对怀王的新称呼一时还不适应，说到"君"的时候，"王"字缩了回去，改口称"太王"，眼前突然浮现出怀王的身影。

此时，靳尚按捺不住，奏道："君王！令尹精于兵法，此次定能凯旋，可保我国太平。"

"令尹精于兵法？"屈原一脸疑惑。

靳尚清清嗓子，接着说："臣与令尹常常探讨兵事，令尹大有当年吴孙子的雄风！太王北上、君王未归时，令尹每日诵读兵法，亲自操练三军，绝对是个帅才。"说完，靳尚心中忽然"咯噔"一下。吴孙子就是孙武，当年正是他率领吴国军队打到楚国郢都来，楚地血流成河，几近亡国。他一时嘴快，生怕屈原借此发难，死死地盯着屈原。

屈原避开他的目光，转身对顷襄王说："子兰恐怕只会空谈。不过既然令尹已经领兵抗秦，不如修书一封，密奏太王，准备金蝉脱壳。武关是秦楚往来要道，秦兵势必沿途追赶，不如让太王反走函谷关，绕道三晋而南归，如此便有胜算，君王以为如何？"

昭雎拍手称是："屈大夫此计甚妙！前不久赵人楼缓有意与我国结盟，定会出手相助。"

"楼缓？"屈原有点儿讶异。

昭雎应道："嗯，赵人楼缓，现已为秦相，力主秦、赵、楚三国联盟，以抵抗齐、韩、魏。但我等拒不割地，又立新王，想必秦王已然着恼，此次发兵定是来势汹汹。君王，臣听说，赵国联合秦国，只是掩人耳目，赵王的心不只在中山国。"

"不只在中山国？"顷襄王问。

昭雎道："嗯，赵王真是深不可测。前不久，赵国主父乔装易容，扮作楼缓随从，伺机观察秦王为人，又亲绘秦国地图，将来攻下西北胡地，即可两面攻秦。"

"弹丸之地，其心不小。"顷襄王笑道。

话音刚落，屈原严肃地说："主父是有作为的人。当年施行胡服骑射，诸国震恐。现在又如此布局，不可不防。君王，眼下当暗联赵国，稳住齐国。"

"就依屈大夫。"

四

退朝后，屈原车经闾左，听到有人高声诵读《诗经》，不禁暗喜：一定是宋玉！宋玉原是农家子，家徒四壁却四体不勤、五谷不分，只是雅好文墨，曾随屈原学习，平日在闾左诵读。屈原见他好学，心中喜爱，亲赠他一车的竹书。此时只见他卧在大树下读书，于是远远地喊道："宋玉——！"

宋玉循声而起，见是屈原，脸上顿时洋溢起笑容。

"宋玉，为何如此高兴？"

"'既见君子，云胡不喜？'"

"'一日不见，如三月兮。'"引《诗经》问答，是这对师徒间的小情趣。

"先生刚从巫郡回来？"

"是的。你刚才可是在诵读《绸缪》那篇？"

"嗯。"

屈原见他好学，心中喜爱，亲赠他一车的竹书。此时只见他
卧在大树下读书，于是远远地喊道："宋玉——！"

"我听到了'今夕何夕，见此邂逅'这两句……"

"怎么了，先生？"

"我记得是'今夕何夕，见此邢侯'。"

"先生，这是何人所作？"

"不知是谁。想必是一位有性情的书生。"

"像我宋玉一般？嘻嘻……"

"你？不止。此人如此想见邢侯，许是有志难伸、报国无门的人……"

"听说'修辞立其诚'，先生，《诗经》以情教人，多么美。玉最喜欢'巧笑倩兮，美目盼兮'，每次看到女薤，总想起这两句。"

"个人性情固然重要，但比不上家国与天下啊！"

"家国天下？"

"古人有'三不朽'，太上有立德，其次有立功，其次有立言。建功立业，著书立说，都是为了国家天下，为了黎民苍生，为了万世太平。"

"先生，玉不是很明白。"

"这是圣人遗训。"

"玉还是不懂什么家国什么天下，玉的心里，只有……"

宋玉吞吞吐吐，欲言又止，屈原知道，他是儿女情长。宋玉自在他门下念书，就对女婿暗生情愫，尤其是读《诗经》时，眼前总是浮现她的身影。青春正茂，血气方刚，困于儿女私情是正常的。将来，他一定会明白家国与天下。

五

一连数夜，屈原翻来覆去，脑海中总是浮现怀王的容貌。某天清晨，他来到君王寝宫，但是顷襄王仍在酣睡。他不敢造次，恭恭敬敬地侍立于门外西阶。直至初阳高升，顷襄王才起来。

屈原快步走进去，行叩拜礼，伏地说道："君王，臣夜不成寐。"

顷襄王睡眼惺忪，哈欠连天，问："屈大夫，因为何事？"

"臣想自领一军，佯装从汉水北上，实则接应太王归来。"

"这……"

"望君王恩准！"

"屈大夫，如今郢都兵力不到十万。"顷襄王以手抚股，沮丧地说，"昨夜子时，探马来报，说秦兵已取析地十五城，唉！"

"什么？子兰的大军呢？"屈原惊愕万分。

"秦兵行如旋风，子兰尚未赶到武关便被突袭了。"

"既然如此，臣更需要领兵接应君王。由汉水北上，取道魏国，然后……"此时此刻，屈原恨不得立刻插翅飞去营救怀王，生擒秦王。

顷襄王起身，来回踱步，轻声对屈原说："屈大夫，寡人已派人入秦联络太王。"

"如此甚好，如此甚好啊君王！臣愿将五万兵马前去接应。"

"屈大夫……"

"君王请放心！"

屈原披肝沥胆，表达他对国家的忠诚，已然抱着杀身成仁的决心。但是顷襄王仍然有一丝顾虑，在他眼中，屈原对自己虽有教诲的恩德，但也不过是一介书生，只会舞文弄墨，带兵打仗哪儿行？子兰是自己胞弟，派他出兵拒秦，是给他一个建功立业的机会。更何况，靳尚曾和他说过，屈原自恃才高，居功自傲，不可不防。日已过午，顷襄王见屈原伏在席上，双目看着自己的衣带，不敢正视，无奈命小臣取出虎符，让屈原自从右司马处领兵。

但事情并不那么顺利。

右司马军营大门紧闭，不见一个士兵。屈原去了好几次，都无功而返，遂料其中定有缘故。四下打听，原来靳尚早已调走了右司马的部队，去迎子兰返国。一气之下，屈原自己招募了一些壮士，又带着几个家丁北上。行无几日，风闻怀王取道赵国，而赵国主父正在西北胡地，惠文王畏惧秦国问责，竟不敢接纳；转而奔魏，很快又被秦兵追及。刚抵汉北的屈原突染风寒，浑身湿疹，只好退回郢都养病。

归 尸

一

"先生！先生！"宋玉健步如飞，口中呼喊着，一边时不时地低头看看手中的竹简，"女嬃，先生何在？"女嬃正在扫地，指着内屋："喏，在屋里。找先生何事？"宋玉憨笑了几声。发现屈原正在屋中酣睡，不敢鲁莽，蹑手蹑脚地退出屋外，恭恭敬敬地等候着。影子渐渐变短，他来来回回，有些焦躁。

"何人在此呼喊？"屈原伸着懒腰走出来，头发蓬乱，面有菜色，眼神有点儿颓废。宋玉眉宇顿舒，俯身作揖，道："先生，玉适才新作一赋，特来请教。"他自信满满地呈上简册。

屈原看着宋玉脸上黑乎乎的墨渍，笑着帮他揩去。展开简册，篇题为《登徒子好色赋》。轻声诵读了一番，说："'东家之子，硕人其颀，面为杜若，艳如桃李'句很好。""硕人其颀，面为杜若"，身材高挑的女子，面容像杜若，屈原知道他是照着女嬃写的，不禁笑了起来。他用左手拍拍宋玉的后背，道："女子的身长容色，适中最佳。不长不短，不白不赤，恰到好处。虽不极尽华丽辞藻，却也尽得风流。"

"恰到好处？"宋玉来回踱步，沉吟道，"增之一分则太长，减之一分则太短；著粉则太白，施朱则太赤。"

"全篇以反衬法写登徒子的好色，笔法虽巧，但立意不足。"屈原沉思片刻，接着说，"我等写作辞赋，当立意高远，切不可徒有浮华之皮，而无现实之骨。"语气略重，宋玉心中的弦紧绷起来，脸上失了笑容。

屈原问："君王新近登位，忙于何事？"

"忙……忙于……忙于……"宋玉支支吾吾。

"忙于何事？"

"忙于……忙于政务，君王……君王日理万机，勤劳国事。"

"我看是忙着狩猎、登高、饮酒、歌舞吧？"

"这……"

"宋玉，我本让你协助左、右史劝谏君王，你却日夜陪君王嬉戏玩乐，写什么《神女赋》《高唐赋》《登徒子好色赋》，这与那些乱臣贼子有何区别？"屈原勃然作色，吓得宋玉两股战战。见他神色紧张，屈原转而柔声说道："今日是正月初一，你马上整顿整顿，随我一起去章华台。《日书》上说，今日大吉，利出行、嫁女、祭祀、聚众。"

二

章华台高十丈，纵横百余步。台身以赤棕土垒成，东西两侧各有九十九级台阶。台阶两旁立着红樟木栏，丹漆为底，上有夔龙黑纹。每三级台阶便有一盏青铜灯，灯体为凤凰。每日酉时点灯，火凤翔集。台上是章华宫，美轮美奂。宫前有一小亭，名曰"祝融亭"。亭边有一香炉，上书一"楚"字。台壁用赭石镶嵌，上面雕着楚地十二月神，旁边配有"秉司春""姑分长"等神名，飘逸而富有灵气。远远望去，章华台南临云梦大泽，北边有千年老树为其遮阳，宛如一位在水边浣纱的妙龄少女，风韵无限。

这天，她好像要出嫁的新娘，绣衣华冠，浓妆艳抹，不知倾倒了多少人。

章华台聚集了不少楚地杂戏舞者，风情万种。优伶面容姣好，颈项秀丽，嗓音则清脆如细水一般。舞者细腰纤纤，长袖袅袅，正如飘逸流动的楚地文字。

宋玉嬉笑不止，道："好热闹呀，那边好像在唱《山鬼》！"他兴致勃勃地先跑了过去，情不自禁地用平江调跟着一起唱。他最喜欢开头的那几句："若有人兮山之阿，被薜荔兮带女萝。既含睇兮又宜笑，子慕予兮善窈窕。"

屈原远远地站着，听得有点儿出神，回忆起写作《山鬼》时，自己曾在巫山登高。山路蜿蜒曲折，行不多久，他便躺在一块青石板上小憩。迷迷糊糊，梦到山崖处有个女子，全身披挂着香草，笑容非常迷人。忽焉在东，忽焉在西，乍隐乍现，捉摸不定。醒来后，他生出一丝说不出的惆怅。

一阵香风袭来，他从梦境中回神。桂花、回云、花椒，桂椒酒？不对。乌头、香艾、菖蒲，菖蒲酒？不对。青梅、宿莽、枸杞，对，是云梦酒。屈原对这酒香并不陌生，怀王每次私宴，一定要请喝这酒。呷一口，仿佛十万野马驰骋在舌上，先从舌根到舌尖，再从舌尖到舌根，回环往复，然后烈性渐渐淡去，鼻孔似有精气涌出，飘飘欲仙。屈原循香而去，水边有五六人在泛酒，旁边的竹筒中正放满了云梦酒。

"这位大嫂，可否讨杯酒喝？"

"先生请自便。"

"多谢！"

云梦酒，几多愁。屈原自饮一口，把酒醉向湖中，口中念着"君王，君王"。

"哎呀，这个少女腰身蛮好看啊！"一个彪形大汉正在欣赏蛮腰舞，咧嘴露出一口留有绿菜叶的黄牙，垂涎三尺，拍手赞叹，惊扰了屈原的愁绪。

紧接着，他摸了摸自己的大肚皮，笨拙地扭动了两下，非常陶醉地憨笑着。"好得很，好得很啊！"旁边骨瘦如柴的青年附和着。

"先生，那个人说的是哪里话？"宋玉不解地问。

"越语。"屈原曾去过会稽，记得那边的口音，很是难懂，说起话来如硬石相击，真是"缺舌"——这话，曾是北人嘲笑他们楚人的。

"那他说了什么？"

"他说，那少女的腰很美。"

"老色鬼！"宋玉不屑地嘲讽了一句。

"嗯？"

大汉回头看着他二人，鼻息很重，目露凶光。因为久居楚地，大汉对楚语非常熟悉，对带楚语色彩的通语自然也不陌生。听到宋玉言语挑衅，扫帚眉满是怒意。屈原见此情形，赶紧作揖道："小徒口无遮拦，还请包涵！"转头又给宋玉一个眼神，示意他赔礼道歉。大汉见屈原衣冠楚楚，文质彬彬，一时不敢发作。他身旁那位青年连忙劝架，说："哎，看戏，看戏！这出是《巫山神女》，神女要出场了，美艳绝伦呐！"一时引得大汉咧开了嘴，转身钻进人群。屈原二人迅速走开，五十步外，忍俊不禁，放声大笑。

三

夕阳西下，新月升起，章华台两侧的阶灯都点上了，从西南隅望去，分外瑰丽。湖面平如明镜，倒映着皎洁的月亮，让人沉醉。

忽然，湖面起了波纹，一道、两道、三道……远方出现了一个黑影，不，是一片黑影，一支船队正向这边驶来。"秦兵来了！秦兵来了！"有人尖叫起来。大家并未理会，继续享受着节日的愉悦。船队渐渐靠近，为首的船上立着一杆大纛，上面写着一个标准的西土文字。"秦！秦！"那个彪形大汉喊了起来。惊恐的气氛迅速蔓延开来，章华台顿时乱作一团。

屈原在台上用双手连续做下按状，镇定自若地大声说："莫慌莫慌，诸君莫慌！秦兵从水路来，船只不过数十，并非侵扰我国。"但他猜测，楚国关卡守卫定是懈怠不堪，否则为何不来禀报？他转过头看向宋玉，吩咐道："宋玉，你火速禀告昭将军，让他带兵过来，快去！"宋玉点头应下，提摄下裳，飞奔而去。

屈原历阶而下，等候在渡口。一阵风吹来，他打了个冷颤。

船靠岸，在渡口边停成了一条长龙。下来几个秦兵，素甲铜盔，站成两列仪仗。随后，走出两个权贵模样的人，一位是高冠先生，长眉隆鼻，另一位则是戎装将军，步伐很重。

屈原急趋上前，躬身作揖。将军抱拳说道："在下秦国芮虚，铠甲在身，不便行大礼，见谅！"屈原笑道："原来是遐迩闻名的大力士，失敬失敬！"高冠先生则向屈原还礼，说道："先生莫非就是屈大夫？在下楼缓。"屈原一听是秦相楼缓，便再次拱手作揖，道："在下正是屈平。"他心中突然出现一种莫名的惶恐，秦相与力士深夜至此，到底有何企图？边境将士真是懈怠，此等军情竟然没有上报。

楼缓板着脸。力士指着章华台说："此处甚为热闹啊！"

"将军，这是章华台。今日是正月初一，众人在此歌舞嬉戏。"屈原语气一转，问："不知将军深夜领兵至此，有何贵干？"

力士笑道："我等特来游历楚国。"

"当真？"屈原一脸狐疑，转而看着楼缓，楼缓却低头不应。

"楚国山河秀丽，物华天宝，秦国上下皆愿一览。"力士摸着蜷曲的髭须，笑着对屈原说。

屈原心想，这一介武夫说话竟也富有文采，而且话中有话，不禁冷笑了两声，问："那为何深夜至此？白天艳阳昭昭，美景可以尽收眼底。深夜至此，恐怕是想掩人耳目吧？"

"屈大夫，实不相瞒，我等是奉命而来。"楼缓转身挥了挥手。只见四个秦兵抬出一个板舆，上面躺着一具尸体，蒙着素缟，恶臭扑鼻。楼缓神色哀伤，看着屈原说道："屈大夫，尊王因水土不服，在我国染上恶疾，不幸……不幸……"

屈原顿时悲痛欲绝，几步跪行至尸体旁，缓缓揭开素缟。他看到一张毫无血色、苍黄如土的脸，

屈原顿时悲痛欲绝，几步跪行至尸体旁，缓缓揭开素缟。他
看到一张毫无血色、苍黄如土的脸，那人曾厉声责备过他，
也曾经跟他一起痛饮千杯。

那人曾厉声责备过他，也曾经跟他一起痛饮千杯。

"君王！君王！"屈原不禁声嘶力竭地哭喊起来，用力推着怀王的身体，可惜毫无反应。

楼缓把腰弯成直角，双手作揖，哀恸地说："尊王不幸崩殂，秦国上上下下甚为悲痛。寡君也为此寝食难安，深感愧疚，所以特命我二人率兵护送尊王遗体至此。望屈大夫节哀，望贵国节哀。"

屈原忽然拔出佩剑，起身直刺力士。力士身体微微一斜，躲开了。再刺，再躲。刺他不着，屈原便作马步，右手挥开，然后斜砍过去。可惜动作太缓，被力士击中手腕。"当啷！"佩剑落地。屈原也被那股蛮劲震退了三步，他缓过神来，旋即捡起佩剑，准备再战。

"围起来！这边，快！"一个浑厚的声音传来。昭睢来了，后面跟着宋玉。昭睢摽甲执兵，威风凛凛。很快，楚兵就包围了楼缓、力士一干人等。昭睢看到楚王的遗体，大呼一声"君王"，目眦尽裂，拔剑直指楼缓。楼缓面无惧色，将头后仰，袒露脖颈，力士也被楚兵制住。昭睢厉声问道："我君王是怎么死的？"说话间，剑尖抵其喉咙，剑气颇为凌厉。

"尊王来我国做客，却因水土不服，染上恶疾，不幸病故。随员皆已失散，找寻不见。寡君为此愧疚难当，日夜寝食不安。斋戒七日，在吴阳举行祭祷大典，当着众人垂涕诵读《罪己文》，以祈求黄帝及山川大神的宽恕。"楼缓整整衣冠，接着说，"我等奉命护送尊王遗体至楚，将军若视我为寇仇，请即动手！"一旁的力士则默不作声，汗流至踵。

"秦王欺人太甚！害死我君王，竟然还敢惺惺作态。若果真心中愧疚，为何不亲自前来？"昭睢声如洪钟。楼缓干咳两声："寡君日夜勤劳政事，又因尊王暴卒而悲伤过度，如今也已卧病在床。""哼，一派胡言！休欺我大楚无人！"昭睢一再出言逼问，楼缓仍朗声回道："信与不信，但凭将军！"

屈原恐草率行事，有碍大局，急呼："将军且慢！"在昭睢耳旁低语了几句。昭睢厉声下令："将秦兵全部收押！"然后把怀王遗体抱上马车，泣不成声。留在章华台的百姓见到怀王的遗体，口中连连哀呼"君王"，跪伏在道路两侧。

四

郢都红妆艳艳，一派歌舞升平。

后宫里，顷襄王正在与众妃嫔玩捉迷藏。只见顷襄王用红绸蒙着眼睛，双手挥舞得像螃蟹的两只大螯："众爱妃休要躲藏，寡人来了！"凭着嗅觉，闻香摸索。一小臣急趋而来，正好撞在他怀中。顷襄王笑道："嘻嘻！抓到了，抓到了！"不料嗅到一股浓郁的汗酸味，顷襄王急忙摘下红绸，大吃一惊，四周传来妃嫔们的嬉笑，好不热闹。"混账！"小臣急忙跪下，慌道："禀告君王，秦……""滚！""秦兵……""滚！搅了寡人的兴致，赶紧滚出去！"小臣话未讲完，顷襄王就连声呵斥。小臣见他怒目圆睁，不敢抗命，只好连退几步，转身离开。妃嫔们簇拥而上，顷襄王脸上出现上下两个黑"八"字，右手一挥，道："取酒来！"

酒过三巡，顷襄王略有醉意。见一妃嫔的发簪形制、气味独特，遂问："今日爱妃发簪美而艳，不知是用何物做成？""回君王，榛木。"妃嫔取下其中一支。"哦，榛木。"顷襄王握住发簪，闻了闻，想到"榛"字，忽然皱起眉头："刚才那个小臣是不是说什么'榛'来着？""君王，好像是说'榛柄'，难道是榛木做成的柄？还是说'榛饼'，榛子做成的饼，好吃？"妃嫔嬉笑不止，顷襄王道："好了好了，快把他召回来，一问便知。"

小臣被召至跟前，顷襄王问："方才你有何事要奏？"

"君王，秦兵来了，秦兵来了！"小臣语速飞快，神情恐慌。

顷襄王惊愕而起，怒道："混账！这等要事怎不早说，嗯？"

"刚才原为禀告此事，但……"小臣神色愈加畏惧，不敢说下去。

"秦兵来了多少人？由谁领兵？现在何处？"

"君王，秦兵由水路而来，已抵章华台。"

"当真？"

"君王，此事千真万确。外面还说……还说太王已经……"

"想说什么？快，别吞吞吐吐！"

"太王……山陵崩……"

顷襄王揪住小臣的衣襟，用力向上提，吓得小臣直咧嘴。"唉！"顷襄王顿感四肢乏力，气血攻心，"速召令尹子兰！"语音未落，他眼前一片模糊，瘫倒在地，昏厥过去。妃嫔们面面相觑，不知如何是好。愣了片刻，戴榛木簪的大步上前，用力去扶顷襄王，口中喊着"君王"。

五

却说子兰近日夜晚常常梦到有个披发厉鬼向他索命，心神颇为不安。正月初一这天中午，他特地独自步行二十里至郊野孤山，向宛奇祈祷——听太祝说，宛奇是个食梦鬼。回来的路上，天色冥冥，远远望见老槐树旁有一堆黑色的麻衣。走近一看，原来是个半秃的野人伏在那里，悄无声息。掩鼻俯视，野人手上还握有一株枯萎的兰花。子兰心里暗道：哪儿来的野人，手中还握着兰花，瘆得慌。未及多想，他赶紧加快步伐。

回到家中，子兰听说君王急召，赶紧换了身行头，登车而去。

进至后宫，子兰先行君臣礼仪："臣拜见君王！"看到顷襄王坐在红茵上，心中大惊："君王这是何故？九五之尊，如此成何体统？"

"子兰，子兰！"

"君王？"

"子兰，父王驾崩了！"

"何人言此？君王，情况未必属实。"子兰将信将疑，又道，"君王，前几天臣听人说，太王在秦国吃得好，睡得香，从未有何异样。"

"刚刚小臣来报，说父王在秦病故，遗体已至章华台。"

"君王莫慌，这一定是谣言！"

"什么？"

"君王，秦楚两国虽有交战，但仍以仁义为先，加上彼此联姻，秦国不敢胡来。随意杀害一国君王，这等事诸侯怎能坐视不理？他们势必会群起而攻之。倘有变故，秦国会派专使来报，不必轻信风言风语。"

"嗯，有理。"

"君王，依臣愚见，国中或有妖人散布谣言，意欲颠覆我国。君王请宽限数日，臣当生擒此人，献于殿上。"

宫外哭声震天。

"君王，我出去看看情况。"子兰快步走出。

六

冷冷的月光下，昭雎、屈原、宋玉的马车缓缓行进，后面跟着楚兵与秦人。进入郢都，百姓渐多，哭声连绵起伏，秦人亦为此动容。昭雎索性抱起怀王步行，屈原、宋玉等也下车跟随。

望着面有菜色、衣衫褴褛的百姓，屈原心中愈加伤痛。

子兰刚出宫门便看到了他们，惊呼："将军、三闾大夫，你等在此做甚？后面的百姓为何哭泣不止？"昭雎、屈原并未答话，只是低头叹气。子兰心中诧异，走近细看，顿时瞠目结舌，身体微微一颤："这……这是怎么回事？"屈原命楚兵将板舆横在地上，昭雎缓缓放下怀王，向子兰述说原委。

"父王！父王！"此时顷襄王从远处狂奔过来，哭倒在怀王身边，百姓的哭声也愈加哀戚。

子兰拔出佩剑，道："君王，秦人欺我太甚，血债血偿，待我去削了秦兵的脑袋！"

"让寡人来！"顷襄王夺过子兰的佩剑，刺向其中一个秦兵。"噗！"剑刺穿了秦兵的腹部，血溅了他一脸。随着一声惨叫，秦兵扑倒在地，痛苦难奈。旁边的秦兵人高马大，却早已腿软，剑未刺到，就闭着眼睛号叫起来。纵情酒色的顷襄王体格大不如前，略显疲软，剑刺了一半，右手劲道不足，于是左手也搭了上去。双手左旋右转，硬生生捅出一个血窟窿。他气喘吁吁地转向子兰，递过佩剑："来，你接着杀，给我痛快地杀！"子兰双手握剑，砍向秦兵的颈项。地上的血一滩一滩，慢慢连了起来，秦兵的惨叫声已盖过了楚人的哭声。

屈原受不了这血腥的杀戮，道："令尹，切勿再杀，切勿再杀！君王啊君王，如此屠杀无辜，恐非人君所为！秦人纵然欺我，但杀敌仍当在疆场之上。两国交兵，不斩来使啊！"

"住口！屈平，父王平日待你不薄，你却可怜起这群虎狼？他们是死有余辜，岂不闻'以其人之道，还治其人之身'？"子兰右手指着屈原，厉声说道。他杀得兴起，满脸溅血，围观的楚人中甚至有为他喝彩的。

楼缓大笑三声，道："当年宋襄公欲为盟会，召集天下诸侯，而楚成王却将宋襄公羞辱一番，还拘禁数日。贵国早已有执人国君的先例，我秦国只是效法而已。"

子兰走到楼缓面前，举剑欲砍。屈原见势，急忙挡在子兰面前，疾声说道："楼缓乃是秦相，不可妄杀！"子兰紧皱眉头，恶狠狠地盯着屈原。想到将来被诸侯耻笑，不如先向秦王示威，道："杀一丞相，正好警告秦王！"

屈原力劝："君王、令尹，万不可草率行事！倘若杀了这些人，秦王便师出有名。臣恐怕明日秦国百万大军就将入我郢都，到时社稷残灭，血流漂杵啊！还望君王明察！"

"君王，请三思。"昭睢附议。

"休听他们胡言！"子兰道。

昭睢跪谏："君王，此事还须从长计议，不可鲁莽啊！"

屈原怒视子兰，呵斥道："子兰，勿做危害国家的事！"

子兰拄剑而立，语带嘲讽地说："屈平，你何德何能？朝堂上，你献过一条妙计吗？沙场上，你立过一件大功吗？无能鼠辈，酒囊饭袋，竟然还在这里喧嚷！"

"试问，当初是谁力主入秦的？"屈原指着子兰，怒不可遏，"子兰，当初可是你力劝先王入秦的，你罪莫大焉！"

"你……"子兰顿时羞愧万分，面色通红。这是子兰最大的隐痛。自从怀王入秦后，子兰便日夜烦心，平时最忌有人提起此事。屈原当众戳穿，让他羞愧万分。众人看着子兰，窃窃私语。子兰却不敢回视他们一眼，默默低头，手中的剑还在滴血。其实，他也曾后悔过，可惜于事无补。

"君王，为长久计，请勿再杀！"屈原转向顷襄王。

顷襄王沉思半晌，擦了擦眼泪，道："罢了罢了。昭睢，你带秦使去馆驿休整。屈平，速速为我父王拟一谥号，然后作一讨秦檄文，将秦王虎狼恶行昭告天下。子兰，准备先王丧仪！"众人渐渐散去。宫门外，尸体横陈，月光下鲜血分外殷红，其中尚有撕心裂肺的惨叫声。

流　放

一

翌日辰时，早朝。

文武诸臣行叩拜礼，顷襄王道："众位爱卿，先王被秦拘禁数年，如今不幸崩殂，此仇不可不报！秦、楚两国今日绝交，如有通秦者，杀无赦！寡人宫中有一妃嫔戴榛木簪，榛者，秦也，现在已被寡人诛杀！"

过不多久，屈原步履蹒跚地进来，精神萎靡。

顷襄王命他坐在身旁，道："屈大夫，檄文呢？"

屈原伏地叩拜，起身从袖中取出一卷简册，奏道："君王，臣星夜疾书，拟此檄文。"诸臣渐渐安静下来。

"好，念来。"

"是。"屈原朗声念道："夫礼者，立身之本，治国之纲也。……"

"匹夫赵荣，夹河而盟，旋即背之，宜被吕相之詈。老贼任好，千里袭人，无礼于周之北门，死则殉以百夫之特。"

"赵荣、任好是谁？"

"回君王，赵荣、任好即秦之桓公、穆公。"

"吕相呢？"顷襄王问。

"史书记载，秦桓公曾与晋厉公夹河而盟，旋即背盟，与戎狄合谋伐晋。晋厉公命吕相撰写檄文，数秦大罪，即《绝秦文》。"

"'千里袭人，无礼于周之北门，死则殉以百夫之特'所言何事？"

"秦穆公曾派孟明视、西乞术、白乙丙率兵偷袭郑国，路过周天子处，竟鲁莽无礼，为天下所不齿。死后又以人杰殉葬，残暴至极。"

"'奸人卫鞅，诈公子卬而破魏。'这卫鞅

是……？"

"卫鞅就是商鞅。秦魏交战时，魏军统帅是他的故人公子卬。商鞅借叙旧、结盟之名骗公子卬前去赴会。酒酣耳热时，伏兵齐出，公子卬被俘，魏军因此大败。商鞅也是个奸诈小人！"

"左、右史，速速命人以诸国文字分别誊抄数份，轻车良马送至诸国，不得有误！"顷襄王又转而问昭睢，"将军，秦相何时动身回去？"

"回君王，三日后动身。"

"好，届时你去抄一份檄文，交于他们。"

昭睢伏地应命。

子兰奏道："君王，我等整顿数日，即可起兵伐秦。"

顷襄王问："嗯。陵尹，关税收得如何？"

陵尹答："回君王，方今强盗横行，商贾逃匿，关税所征无几。"

顷襄王直起身子，道："陵尹，传令下去，如有商贾逃匿，杀无赦！田尹，加紧征收田税，三分自留，七分充入国库。牧人，好好养牲畜。登徒，令我子民多多生养，生男子，得米一石，再加一犬一豚；生女子，得酒一壶，再加一羊。然后昭告国人，二十岁以上男子皆征为士兵。"

陵尹、田尹、牧人、登徒齐声应命，左司马则说："君王，此前已将二十岁以上男子征为士兵。"

"那就十五岁以上男子皆征为士兵！"

"如此少年恐难上场杀敌。"屈原想起汉北的流民，不禁疑虑。

"大不了就以五当一嘛！"

"君王英明！"靳尚附议。

屈原睁大眼睛："怎可如此！君王，君子报仇，十年不晚。昔日越王勾践卧薪尝胆，最终灭掉吴国。眼下，不如养精蓄锐，日后徐图……"

"不行！礼书上说，父母之仇不共戴天，兄弟之仇不返取兵，更何况是君王之仇？"子兰右手甩了一下，自恃有理。

屈原争辩道："君王，国仇虽深，但如今民生凋敝，战事宜缓，不可冒进！"他没有看子兰，直接对顷襄王说："君王，如今檄文已成，传至诸国至少需一二旬。能否再成合纵，恐怕还须等待各国回复。现在莫如安抚百姓，休养生息。待兵精粮足时，诸国同心同德，一举伐秦。函谷关再坚不可摧，也难当我六国大军。望君王三思！"

子兰摇头说道："现在民心向我，有道是'哀兵必胜'，迁延时日，恐错失良机。"

"贻误战机可是死罪。"靳尚道。

屈原叹了一声："我国自析之战后，元气大伤，在内有盗贼作乱，万万不可再对外急躁冒进。国仇家恨，自当隐忍。他日必能冲破函谷关，直捣咸阳！"析之战，也是子兰的痛处。当时领兵出城，风光无限，可惜铩羽而归。

"此事暂且搁置。屈大夫，先王当取何谥？"

"君王，先王一生勤政爱民，日夜心系百姓，深得民心。为保疆土而深入暴秦，固不割地，执义不屈，不失人君的威望。谥号不如取'怀'字？以彰怀念之意。"屈原的声音逐渐低下去。

顷襄王觉得此谥含义深远，问："众位爱卿可有异议？"

靳尚四下张望了一番，正色奏道："臣以为不可！先王的名字便是'槐'，'怀''槐'谐音，如此恐怕犯了先王名讳，不可不可。依臣愚见，先王安民保国、纯行不二，谥号不如取'定'字？"

屈原道："靳大夫，你多虑了。"

"先王名讳不可犯！"靳尚故意提高声音。

"众位爱卿以为如何？"

司礼避席奏道："君王，不如让百姓抉择？"

顷襄王点点头，命左登徒即日在郢都大道上设两个大竹笥，一书"怀"，一书"定"，国人根据意向往里投简。三日后，"怀"字竹笥中的竹简堆积如山，几乎溢出，而"定"字竹笥中则星辰寥落。看来，果真民心向"怀"。

这也并不奇怪，其实怀王生前宽仁爱民，重赏轻刑，一到凶年饥岁，便开仓赈济，三五年便大赦罪人，百姓自然对他感恩戴德，思念异常。听说怀王崩殂，人人皆服斩衰，如丧考妣，郢都蒙上了惨白的颜色。出殡那天，闾巷皆空，一片哀戚。此后，郢都家家门前种槐树，但绝不栽兰花。那段日子，屈原茫然若失，闭门谢客，一连数天不寝不食，衣带渐宽，哀毁骨立，双目已经深陷。

二

安葬怀王后，顷襄王很快便故态复萌，又开始了纸醉金迷的日子，连战事都抛诸脑后。一天，小臣来报，说靳尚求见。"让他到内殿等候。"顷襄王整整衣襟，移步内殿。

"靳大夫，何事启奏？"

靳尚跪说："君王，秦相楼缓已于前几日回去了。"

"寡人已经知晓。"

靳尚伏在地上，偷眼看了看顷襄王的脸色，道："君王，臣有一事，不知当讲不当讲……"

"靳大夫有事尽管直言，何须吞吞吐吐。"

"据说，屈大夫曾与秦相会面，把酒言欢，好不热闹。"

"哦？"

"那日，秦相盛赞屈大夫的缓兵大计，说我国上下无一贤人，唯有屈大夫能文能武，可以独当一面……"

"竖儒何德何能！"顷襄王怒发冲冠。

"他还说君王您……"

"嗯？"

"说您暗弱无……"

"混账！混账东西！"顷襄王火冒三丈，一脚踢掉了几案上的酒器，"这老匹夫是觊觎寡人的王位吗？"此时，怒火已使他将屈原启蒙亲授的情谊抛诸脑后。

"君王息怒，君王息怒！臣的侍从当日正好送酒至寓所，无意间听到这些。臣猜测，这许是他们的酒后戏言，君王……君王不必当真。"靳尚装腔作势，故意说道。这可是他的看家本领，就像之前在怀王面前构陷屈原一样，这次也是轻车熟路。

顷襄王摸摸剑镡，道："酒后方能吐真言！先前，令尹让寡人尽早出兵，看来是上策。屈平有意阻挠，恐怕是图谋不轨。"

"君王，屈大夫平日自恃才高，又倚仗先王信任，强压我等。听人说，屈大夫曾私收粟米，中饱私囊，家中藏金无数，富……富可敌国！"

"有这种事？速速唤他来，寡人要当面质问。"

"当面质问？恐怕他不会承认。"

"君王……兄长！"正说话间，子兰跑进来，一下扑倒在地，哭道，"不好了！如今百姓都认为是我等害了怀王，意欲谋反呐！"子兰一边哭喊，一边用余光看了靳尚一眼，接着说："君王，屈大夫如今深得民心，对君王则颇有微词。您看，讨秦檄文中言'尸横遍地'，这'横'字故意犯您名讳，显然是居心叵测！"这是子兰多日苦苦研读的成果，当然也少不了靳尚的点拨。

此时的顷襄王怒不可遏，拔出佩剑道："寡人要亲自斩了他！"靳尚见势，假意抱住顷襄王，夺下他手中的佩剑，连呼"不可不可"，心里则暗自窃喜。

这时，子兰倒是想得周全深远，他说："屈大夫是王室宗亲，世代任莫敖一职，掌军事征伐，若随意斩杀，恐怕屈、景、昭三族将人人自危，一旦祸起萧墙，秦与五国来攻，我国将难以招架。"

沉默半晌，顷襄王怒意少舒，把佩剑收回鞘中，来回踱步。

靳尚张望四周，转转眼珠，回道："君王，我国南方虽是不毛之地，但仍有强盗山贼，割据一方，欺压百姓。不如让屈大夫领兵镇压？”

顷襄王手摸须髯，道：“就依靳大夫。子兰，你代寡人拟一诏令。”

“是！君王英明！”子兰大声应道，然后与靳尚交换了个眼神。

三

连日疾风骤雨，屈原心中颇不宁静。终于放晴，他让女嬃陪同，一起乘船散心。

坐在船上，屈原吟起了《湘夫人》，女嬃听着，有点儿出神。

“先生，奴婢愿献舞一段。”

女嬃翩翩起舞，轻盈曼妙，小船丝毫不见晃动，引来天上的白鸟与水中的青鱼一同起舞。

远处忽然传来一阵啼哭声。

“那是……”

“老船家，划到那只木桶旁边去，快！”屈原看到前方漂着一只木桶。

船靠近木桶，原来是一个啼哭的婴儿。老船家

女蘤翩翩起舞，轻盈曼妙，小船丝毫不见晃动，引来天上的白鸟与水中的青鱼一同起舞。

用大竹网将木桶捞上来，女嬃立刻将婴儿抱在怀中。很奇怪，婴儿马上不哭了，那张稚嫩可爱的小脸让人情不自禁地想捏一下。"好狠的心！"女嬃心中充满了怜悯，闪耀着母性的光芒，恶狠狠地进出几句气话，"这是谁家的娃娃？天下竟有不爱孩子的爹娘？"

安静片刻，老船家重重地叹了一声。

屈原感到老船家好像有话要说，视线落在他身上。

"唉！我这副老骨头，在这里摆渡已经五六年了。每隔两三月，便看到有人弃婴。一开始，我还去阻拦，或是打捞。如今，家中已有七个娃娃了！以摆渡为生，我哪里养得动这些娃娃哟！上面还要交赋税，每张嘴每天只能吃一口粮食。后来，我只能眼睁睁地看着这些被抛弃的娃娃被老鹰叼走，或被水鬼掳走，被……唉！这世道……即使养大了这些娃娃，以后还不是要被拉去从军、服役？到现在，我……我已经死了三个儿子了！"

天上飞过一群乌鸦。

老船家仰头望天，放声大哭。哭声与乌啼声交织在一起，风吹过来，冷冷的。

屈原听着，攥紧拳头，真想单枪匹马地杀入咸阳，手刃秦王！但这样的杀戮，是不是又会使百姓陷入死亡的旋涡？何时才能让百姓过上真正安居乐业的日子？此刻，他很迷茫，和老船家一样。他甚至觉得，老船家每天划船渡人，自由自在，又有功德，而自己却是一个衣冠楚楚的庸人。

四

天色渐暗，屈原回到家中。没过多久，家臣在门外报说靳尚求见，于是屈原整整衣冠，前去迎接。虽然他与靳尚是死敌，但也不能失了礼数。

"屈大夫，别来无恙啊？"靳尚见到屈原，并不作揖，而是把腰板挺得直直的，头扬得老高，两只鼻孔比眼睛还大。

"屈平拜见靳大夫。"

靳尚不紧不慢地从衣襟中取出一枚玉印，道："屈大夫，这是君王的印信。"然后从袖中取出一块缣帛，大声宣读。

屈原听了几句，惊得跌倒在地，面色苍白，喘不上气来。表面上楚王让他去南方镇压盗贼，其实又是一次贬谪。

"不行，我要去见君王！"他使劲儿爬起来，冲了出去，却见一排卫兵列在门外。"放肆！"屈原怒喝一声，拔出佩剑，想吓退他们。然而卫兵将长矛直指他的鼻尖，气焰十分嚣张，他毕竟是一介书生，根本无法突围。

"屈大夫，君王今日不在渚宫。见印信如见君王，还不即刻整顿，速速启程？"靳尚脸色一变，露出狰狞的面孔，逞尽威风。

"小人啊小人！靳尚！"屈原晓得这是靳尚的诡计，忍不住骂道，"无耻匹夫，奸邪老贼！不思保家卫国，不知正谏劝善，反而结党营私，嫉贤妒能，真是枉食君王俸禄！诬陷好人，绝仁弃义，你与禽兽有何区别？我大楚百年社稷、大好江山，全要断送在你这等小人手中！百年后，你有何面目见我先公先王？"

靳尚冷笑几声，走到门口，一手拍着屈原的肩膀道："屈大夫，我劝你赶紧收拾收拾，及早动身。听说，南方风光无限，遍地珍宝，美女更是风情万种，不可方物。在那里，你可以大做文章。"说完，扬长而去。

五

君命难违，屈原不得不离开郢都。出城那天，宋玉前来送行。

"宋玉，我南下后，你要善自保重。文章是千古大业，切不可只写儿女私情，否则格局便会逼仄狭窄。不要当无耻的文人，日日歌功颂德、粉饰太平。家国、山河、民生、人心皆可诉诸笔端，如此，百年后青史上方有美名。"屈原跳下车，语重心长地说。宋玉听了，下跪伏地，三呼"先生"。

女嬃将手上的彤管递给宋玉，道："大丈夫有泪不轻弹，别哭哭啼啼的！喏，拿着，等我回来。"宋玉不知道该说什么，傻傻地愣在那里。

屈原环顾四周，发现不远处有几个士兵，像是在监视他们，于是抬头望了望天空，扶宋玉起来，道："时候不早了，我要启程了。宋玉，刚才的话要切记。"宋玉呆呆地站着，直到车马消失在路的尽头。

六

"先生，说实话，奴婢有点舍不得郢都。"

"女蘋，郢都是个冰冷的地方。"

"为什么？"

"奸臣当道，贤人有志却不得申。君王不辨善恶，唉！"

"先生，那为何不远离朝堂，过几天平静的日子？"

"身在江湖，心系朝堂。"

"先生心在朝堂，可朝堂有先生吗？"

"朝堂无我，我也要誓死忠于朝堂！"

"先生何故如此？"

"我自幼习读经典，大丈夫生逢乱世，一定要立德、立功、立言，如此方可为不朽。我本王族，如何能嬉戏江湖，不问国事？"

"奴婢胸无大志，只想小家和乐，男耕女织，过些简单的生活。奴婢愿一辈子照顾先生。"

破 郢

一

公元前279年，秦将白起、司马错攻楚甚急，郢都上下一片混乱。

"君王，秦兵来势汹汹，去年白起夺我上庸、北地，司马错又进军黔中。臣以为，不如迁都？"靳尚率先奏道。显然，这是畏惧秦兵的威势。与其像周平王那样狼狈东迁，不如事先做好准备，才能留有反攻的余地。

子兰在郢都已失声望，心中发虚，遂附和靳尚道："秦兵对我郢都虎视眈眈，不如迁都以避其锋芒。"

顷襄王略有犹豫，顾盼左右："众位爱卿，可有异议？"

　　朝堂一片死寂。

　　一人避席奏道："君王！臣以为此事万万不可，郢都乃社稷所在，绝不可弃。迁都乃示弱之举，如此秦兵必然长驱直入，我大楚将改姓为嬴了！"群臣一看，原来是少师庄蹻。庄蹻是楚庄王的后人，以庄王谥号为姓氏，原是昭睢部下，胆识过人，因军功被拔擢为少师。他胸有成竹地对大家说："臣有一计，可阻秦兵。"

　　"哦？少师速速道来，寡人洗耳恭听！"

　　"君王，秦将白起已得上庸、汉北、西陵，不如先派一巧言善辩的人去魏、韩复议合纵，有道是唇亡齿寒，诸国唇齿相依，互为依傍，不会不救。此其一。黔中郡是我国腹地，秦国已得巴蜀，司马错进据黔中，须派一能征善战的上将去夺回黔中。此其二。如此，虽然北有白起，南有司马错，我国可免腹背受敌。"

　　群臣啧啧称奇。

　　子兰却摇摇头，道："少师说的虽有道理，不过韩、魏两国现在哪有力量抗秦？再者，司马错的才干不在白起之下，恐难抵挡。"顷襄王继位以来，曾有数次伐秦计划，然而均未施行。公元前293年，白起率兵伐韩国伊阙，大获全胜，斩首二十四万，韩国元气大伤。这吓得顷襄王像只鸵鸟，子兰也不敢复议伐秦的事。

"韩、魏虽然独木难支，但与我大楚联合，尚可抗秦。至于抵挡司马错——"庄蹻说到这里，忽然大笑三声，昂然道，"我虽不才，愿领十万精兵，收复黔中！"

靳尚嗤嗤冷笑："十万？哼，司马错雄踞黔中，大军号称三十万。少师十万人马就想克敌制胜，未免口出狂言了吧？"

"兵贵精而不贵多。"庄蹻道，"克敌精要，在将不在兵。"

"黔中是弹丸之土、不毛之地，何须与司马错争胜？"

"真是腐儒愚见！黔中是我大楚腹地，其中有金银、锡铜、玭珥、皮革、梓木、桑麻、灵龟，这些珍宝怎可拱手让与秦国？靳大夫，枉你在此数十年，竟不知黔中的重要！"庄蹻斥道。

靳尚恼羞成怒，哑口无言。

子兰看不惯庄蹻心高气傲的样子，道："君王，迁都才是上策！秦兵水土不服，虽得楚地，谅其不敢久留，到时候我们整顿兵马，储备粮草，一战便可收复失地。"

"愿立军令状！不胜司马错，甘受军法！"

顷襄王拍手说道："好，少师勇气可嘉！令尹，给他十万精兵。少师，三日后便可动身。"

"谢君王！君王英明！"庄蹻叩谢顷襄王，起身弯腰对子兰说："令尹，请！"子兰愤愤不平，交出符节，道："你自去大营领兵吧！"然后拂袖而去。昭睢则在庄蹻背后用手肘顶了他一下，道："小子蹻蹻①，其毋倨傲。"说完，笑着走开。庄蹻先是一愣，随即心领神会，晓得昭睢让他不要骄傲轻敌。

---

① 蹻蹻：勇壮的样子。

二

　　庄蹻自大营领兵，分为二路，一路从陆路进发，自己则领一军走水路，日夜兼程，直抵黔城。他命七万大军当路驻扎，另外三万精锐在山上埋伏，随时准备接应，并伺机从水路绕到后城攻击。

　　秦兵坚壁清野，司马错镇定自若。

　　"报！楚兵在城外安营扎寨，约六七万人。"探马来报。

　　"何人领兵？"

　　"楚将庄蹻。"

　　"哦？"司马错来回踱步，随后说，"传令下去，让将士们紧闭城门，不得出战，违者斩！"探马走后，他突然连咳好几声，掏出帛巾捂住嘴，其上赫然有血渍。司马错顿感自己大限将至，时日无多，又心想，此前从未听说庄蹻有何战功，不知是何来头。不如高挂免战牌，待其粮尽，自会退兵。今夜星相主杀，庄蹻若是少壮将军，恐怕会按捺不住而来夜袭？不如来个将计就计。于是又召右庶长来，吩咐如此如此。

庄蹻因先前南下打过几次胜仗，锐气正盛，难免骄矜，当晚果然领兵八千前去偷袭。行至城外二里地，堆起数个草垛，命五百名弓箭手埋伏，然后亲率一千步兵，各自口衔一支短木，手中握着长戈，慢慢逼近黔城。只见城门大开，并无卫兵把守，城内黑森森的，安静得可以听到落叶声。"司马错果然老奸巨猾，大开城门想引我进去，阴谋昭昭，一看便知。"庄蹻心里暗道。他右手一挥，示意停步。

　　突然，城楼上燃起火把，内外通明。门内杀出一队人马，迎面扑来。黔城两边山上各有一军摇旗呐喊，飞奔而下，顿时鼓声震天，杀气腾腾。

　　庄蹻火速下令："撤军！"

　　见大军回撤，楚军弓箭手便用火箭点燃刚才准备好的草垛，路上顿时形成一条长长的火龙。一时间，箭矢如雨，阻住了秦兵。庄蹻在另一头大声笑道："司马错，回去好生歇息，改日再战！"回头对偏将囊辛说："适才只是一探敌军虚实。这个司马错，果然善于用兵，才略不在白起之下，当年力主伐蜀的便是此人，绝不可小觑。知我进抵此地，必会夜袭，所以早有准备。黔城固若金汤，恐怕一时难以攻下。大事难图，尚需从长计议。"

果然，一连数日，司马错坚守不出，即使庄蹻命人骂阵，他也无动于衷。楚兵强攻三次未遂，庄蹻无可奈何，只能静观其变。

三

"少师，这里有秦兵细作。"囊辛押着几个当地人，匆匆步入帐中。

庄蹻心会其意，故作威严地问道："司马错派你等来侦察的？"

其中一人连连摇头，道："将军饶命，将军饶命！我等本为上庸罪人，并非间谍细作。秦将白起攻入上庸后，把我等迁去南阳。趁督军不备，我等半途逃出。颠沛流离，至于此地。将军明察！将军明察啊！"

"既然是罪人，为何在山上吟诗？如今兵荒马乱，你等还有这份闲心？"囊辛厉声问道。

"这位将军，我等素好辞章，痴迷音律，长

路漫漫，又无女子陪伴，只好吟唱《山鬼》，聊以解闷。"

庄蹻一听，变了脸色："《山鬼》？"

"是，将军。"

"何人所教？"

"溆浦一老叟，姓屈，但不知是何名讳。"

"可是儒者模样？"

"对对对，经常戴着高冠，清瘦如柴。"

"此必是屈原屈大夫！"庄蹻大喜，指着囊辛说，"你立刻带人去溆浦将他接来，快去！"庄蹻还是少年的时候，就听说过屈原，曾有数面之缘。听闻屈原流放江南，庄蹻愤愤不平。

四

数日后，屈原来到庄蹻军中。

庄蹻揖道："屈大夫别来无恙？"屈原想伏地跪拜，庄蹻一把扶住他："老先生无须多礼，来，请上座！"随后吩咐囊辛准备酒菜。

"多谢！多谢少师！"屈原坐在藤席上，咳了好几声，发髻微微散乱，"少师至此，不知所为何事？"自从暂居溆浦后，他忧郁成疾，幸好有女媭照顾。病愈后，只是埋头读书，苦作文章。

庄蹻对屈原说："如今北有白起，南有司马错，戈矛并指郢都。蹻奉君命前来收复黔中，但司马错老奸巨猾，拒不出战。屈大夫在此地居住有年，还望多多赐教！"说完，立刻屈身伏地。

"少师何须如此？"屈原双手扶起庄蹻。他咳了几声，端起酒爵，抿了一口，道："好酒！"他用手拈起盘中的果脯，虽然牙黄缝宽，尚能饮食。囊辛有点着急，怕他耳力不好，故意扯着嗓门道："屈大夫，少师问你如何攻城！"屈原直起身子，又端起酒爵，笑道："甚美！"囊辛一把抓住他的手腕："老……""休要无礼！"庄蹻急忙喝止。囊辛蛮劲太大，爵中清酒还是洒了出来。

"少师，屈平自离开郢都至于江南，年岁已久。数年间征战频仍，平未尝忘却郢都与君王。前不久，听闻鄢城被白起所破，百姓四处流离，无所依归。"屈原放下酒爵，收起笑容，"流民多言，白起此番是引水灌城。要拿下黔城，不如就用水攻！"

"好！"庄蹻拍案叫好。他已仔细打探过黔城地形，三面环水，水攻的确可以奏效。

五

七日后，庄蹻亲自领兵攻城，将士们奋勇杀敌，从凌晨一直到傍晚，不曾停歇，囊辛则早已暗领水性好的士兵去黔城后疏通水道。司马错一边应对楚兵攻城，一边犹豫要不要开城迎击，因庄蹻并非等闲之辈，开城又怕中了诡计，慌乱中疏忽了后方。水渐渐漫进城，天色变黑，秦兵惊慌失措，死的死，伤的伤，乱作一团。后方来报，司马错惊愕万分，但也为时已晚。城墙下尸体堆积如山，楚兵竟然踩着尸体登城。

城外，庄蹻正等着司马错逃出来，好让他活捉。见形势不错，他暗道：司马错果然垂垂老矣，不复当年勇，此番收复黔中，再去会会那白起小儿。

至丑时，黔城的水已经没过腰间。三十多员战

三十多员战将挤在城内一处土台上，戈矛向外，显然他们已经精疲力竭，嘴唇上裂出白皮。

将挤在城内一处土台上，戈矛向外，显然他们已经精疲力竭，嘴唇上裂出白皮。司马错无奈叹道："白起以此得城，我却以此失城！今日兵败，不得复见秦王。"正想拔剑自刎，却被属下制止，将他从秘道送出，而土台上的将士纷纷自杀。城中的江面上漂浮着尸体，混浊的土黄带着血腥味的红。冷月无声，黔中城沦为一片人间地狱。

此刻，屈原的心里并不宁静。

六

黔城被攻占后，周围其他城池亦望风而降，收编将兵三万。庄蹻志得意满，命囊辛火速领一军从沅水攻打夜郎。屈原自黔城之战后便一直留在庄蹻军中，见他如此行事，颇感不安。思索数日，决定夜访庄蹻。

"少师，黔中已为我有，当速回郢都复命。"屈原神色严肃地说道。

"屈大夫，来，请上座！"庄蹻见他深夜来见，起了三分疑意，听他开口便说复命，脑海中好像闪过一个声响，遂答，"屈大夫，此事需从长计议。"

屈原皱起眉头，直起身子，加重语气说道："少师，白起已经进逼郢都，郢都如今危在旦夕，此事刻不容缓。"

"屈大夫所言甚是，但蹻接到密报，说滇池尚有秦兵，眼下当攻克滇池，及锋而试。"

"滇池？那不过是不毛之地。"

"滇池是不毛之地？"

"滇池与郢都，孰轻孰重？"

"黔中在我掌中，白起若轻举妄动，我军可断其后路，纵然他攻下郢都，也不能久居。"

"岂可如此？郢都是宗庙所在，断不可弃！少师是庄王的后人，平的先祖亦为王族，怎可置之度外？再者，君王、群臣与万千百姓尚处于水深火热之中，若使生灵涂炭，我等恐怕罪莫大焉！"

"若得滇池，后取巴蜀，大可直接杀至咸阳，亲提秦王首级！"

"如此迂回，大楚已亡！"

庄蹻来回踱步，摸摸须髭，道："屈大夫莫

忧，且回去安歇。"

屈原想再申说，但见他低头不语，只好怏怏而出，暗道：庄蹻小儿难道另有打算？其才不过中人，而野心不可小觑。新得黔中，又望滇池，竟不顾郢都安危。这样想着，屈原没走多远，旋即返回。

"屈大夫？"庄蹻见他去而复返，甚为惊异。话音未落，屈原的佩剑已架在他的脖子上了。屈原虽是文弱书生，但庄蹻当时正在绘制入滇的作战图，并未防备。凭庄蹻的力气，瞅准时机反击屈原也不在话下，只是念及屈原破城有功，又是王族，未敢轻动。屈原绕到庄蹻身后，大声说道："少师，得罪了！屈平为了社稷安危，万不得已，出此下策。少师，请命众将前来听令！"

"来人，命众将至此议事！"

不多久，众将入帐，发现屈原劫持庄蹻，二话不说，个个先拔出佩剑，准备厮杀。"屈原，放开少师！否则休想离开这里半步！"偏将景完声如洪钟，厉声呵斥道。

"诸将稍安勿躁！"庄蹻冷静地说。

屈原义愤填膺："诸位将军，听我一言！如今国家岌岌可危，白起围了郢都，很快便会攻破。我等都是大楚子民，如何能坐视不理？社稷残灭，我等有何面目复见先人？君不见当年吴人入郢，伍子胥掘平王墓，鞭尸三百？如今秦人正想复辱我楚，而先人坟土未固，尸骨未寒，诸位将军上有高堂，下有妻儿，倘若袖手旁观，与禽兽何异？"

众将面面相觑，顿失杀心。屈原以为众人已经信服，放松了警惕。景完见机夺下屈原手中佩剑，道："少师，如何处置？"

庄蹻正正衣冠，起身说道："屈大夫所言并非无理，不过此处离滇池不远，夜郎已下，滇池不难攻克，旬月可回郢都复命！来，屈大夫对我有恩，囊辛你速速送屈大夫回溆浦。传令下去，明日起兵入滇！"

却说白起听闻司马错兵败，惊愕不已。连忙星夜传信于昭襄王，令蜀守张若领兵夺回黔中。张若得令，起兵五十万，顺沅水南下，浩浩荡荡地横在黔中北，宛如楚的方城。

庄蹻原以为滇池易攻，但没想到滇人剽悍勇

武，加上楚人入滇，水土不服，伐滇之战拖延了不少时日。时至初冬，攻下滇池后，庄𫏋马上回军。但行至黔中北，被张若大军痛杀一阵，损失惨重。张若未知庄𫏋虚实，故不敢乘胜追击，相持月余。秦兵阻断归路后，庄𫏋不禁悔恨自己当初过于贪功，不听屈原劝阻。囊辛、景完曾有数次突围，但寡不敌众。此时赵、魏两国亦有战事，难以救援。韩国暗弱，前与秦修好，与楚交恶。齐国曾被燕国杀得只剩下莒与即墨，元气大伤，虽有田单破燕，收复失地，但一时间也无暇西顾。眼下，庄𫏋萌生退守滇池的打算，于是分别调回囊辛、景完，减兵增灶，暗走滇池。

七

公元前278年，白起攻破郢都。

"先生，不好了！"女嬃神色慌张地跑进来。

屈原从睡梦中惊醒，揉了揉眼睛，问道："何事慌张？"

"先生，外面传言，白起已经攻下郢都！"女嬃跪在床边说，"据说白起还……"

屈原抓紧被子，惊问："什么，郢都？"他吃力地坐起来，道："别慌，女嬃。你说清楚，到底是怎么回事？"

女嬃咽了口水，道："据郢都流民所言，白起率军围城数十日，城内粮草耗尽，百姓暴乱。靳尚小人他临阵倒戈，私自打开郢都城门，白起大军遂杀进城去！君王随令尹、莫敖、太师等突围而出，往东奔走。秦兵追击，他们且战且走，最后转北路在陈城暂歇。白起……白起攻下郢都后，竟然一把火烧毁了夷陵宗庙！真是禽兽行径！"

"白起！"屈原大叫一声，怒气填胸。他起身在屋漏处跪下，双手上举，呼道："君王！君王！"伏地顿首数回，额头肿起红红的一块。

女嬃在一旁牵衣劝阻："先生，莫要如此啊！这些年，您无时无刻不想着郢都，无日无夜不念着君王。可是……"

屈原拂开散乱的头发，道："女嬃，速备舟船！我要去郢都，快，快！"

"先生，我……"女嬃欲言又止，转而说道，

"去郢都做什么？"

"去见君王！"

"君王？君王不在郢都，而在陈城。"

"那我们就去陈城找君王！"

"先生！"

"丫头，你想说什么？"

"这些年来，我们在这里过着安定的生活。日出而作，日入而息。吟诗作赋，饮酒为乐，这比冰冷的郢都温暖多了。奴婢……不想离开这里。"

"儿女私情，如何敌过家国情怀？！快去备好干粮与舟船！"

"先生……"

八

四月，屈原与女嬃乘船至辰阳。因船上干粮已经用尽，只好上岸觅食。刚一下船，一只野兔自草丛中窜出。屈原老迈，已无捕猎的力气，女嬃则眼疾手快，野兔没跑多远就将它擒住了。"先生，您抓着它，我去捡些柴火。"女嬃递过野兔。"好！"屈原两手抓着野兔，应了一声。望望前方，一片死寂的丛林。夕阳下，她的身影拖得好长好长。

丛林看着不大，但进去后，女蒭很快就迷路了，心情一下子就紧张了起来。她四处摸索，朝着有光的地方走去，手上抱着一堆柴火。窸窸窣窣，丛林在阵阵阴风中发出怪异的声音。忽然间，女蒭发现前面十步处好像有人躺在那儿。她放下柴火，挑了一根最粗的握在手中，屏住呼吸，小心翼翼地靠近。一步，两步，三步……七步，八步，九步……尸体！血迹风干，骨肉杂出，上面还留有牙印，是一具恶臭滚滚的尸体，还有满地散乱的白骨！霎时间，丛林中似乎有恶鬼在怒号。女蒭吓呆了，不知道等待自己的将是怎样的命运……

天亮了，女蒭还没回来。屈原就近采了些果子充饥，继续等她。可是一连几天，女蒭始终没有再回来。无奈，屈原只好划船前行。但长路漫漫，哪里才是去郢都的路？

悲　吟

一

　　"君王！秦乃虎狼之国，千万不能去啊！羊入虎口，焉能全身而退？臣不忍见千里山河归秦所有，先王八百年基业毁于一旦。君王请三思，君王！君王！"怀王默不作声，消失在声音的尽头。紧接着女嬃出现了，她怀中抱着野兔，笑了笑，旋即化作一堆白骨。

　　这已不是屈原第一次做这样的梦了。颠沛至汨罗后，他时常梦见怀王与女嬃——他生命中最重要的两个人。恍兮惚兮，仿佛只有在梦中，他才觉得最安心。但有时梦也并不美好，让人恐慌。

忽然惊醒，屈原呼吸急促，双眼圆睁，额头上布满了豆大的汗珠。起而环顾，四周空无一人。他起身用清水净面，看到自己已是华发丛生，不禁悲从中来，喃喃道："草木兮零落，美人兮迟暮。"拂去怀王所赐的切云冠上的尘土，恭恭敬敬地戴上，推门而出。

二

这天是五月初五，也就是重五日。五者，午也。阴阳冲会交午，天气异常湿热。

屈原行至玉笥山麓，见遍地的杜若分外清丽，于是采了三束插在腰间绅带上。又走了一段路，遇到一家酒坊。坊后有一二大汉，正在酿酒。坊中酒坛林立，香气袭人。"长者，来一壶酒。"屈原从衣兜中摸出一块金饼，放在土垆上。老酒倌见屈原高冠白衫，虽然腿脚不利索，仍连忙抱出一坛酒，笑着说："先生，这酒由菖蒲、艾草、楝叶、桂花泡过，藏在地窖中已经有些年头了，口感蛮好！"屈原坐在蒲席上，双手端起酒坛，仰起头，喉结上下滚动，豪饮一气，大声说道："痛快！"然后用长袖擦了擦唇角，继而吟起了《离骚》：

> 帝高阳之苗裔兮，朕皇考曰伯庸。
> 摄提贞于孟陬兮，惟庚寅吾以降。
> 皇览揆余初度兮，肇锡余以嘉名：
> 名余曰正则兮，字余曰灵均。
> 纷吾既有此内美兮，又重之以修能。
> 扈江离与辟芷兮，纫秋兰以为佩。
> 汩余若将不及兮，恐年岁之不吾与。
> 朝搴阰之木兰兮，夕揽洲之宿莽。
> 日月忽其不淹兮，春与秋其代序。
> 惟草木之零落兮，恐美人之迟暮。
> 不抚壮而弃秽兮，何不改乎此度？
> 乘骐骥以驰骋兮，来吾道夫先路。
> ……

老酒倌起身要走，袖中掉落了几枚圆钱，其中有一枚滚到屈原的身边。

屈原认得上面的字——半睘，这是地道的秦文字，于是问道："长者莫非是秦人？"

"非也非也，老朽乃郢都人氏。祖上世代以酿酒为生，前些年随先王与大胭尹入秦，献上椒浆二百坛。秦王大喜，说这是琼浆玉液，于是赏我圆钱数十贯，命我等先回郢都。可没承想，先王他竟然……"老酒倌突然闭上了眼睛，皱纹集在眉宇间，哽咽道，"回来的路上，遇到一伙强盗，我的大儿子……我这条腿，这条腿就是那伙强盗害的，唉！"老酒倌停顿片刻，又道："我等回到郢都后不久，就听说君王被幽禁。可怜先王一个人吃不好，睡不安，日日夜夜思念云梦与江汉，一听到楚歌便落泪千行！"

屈原听到这里，身体不由自主地前倾，双手支着膝，鼻子一酸，泣不成声。

"如今战乱纷纷，民不聊生。白起攻破郢都后，我携妻儿避乱在此，开了酒坊。这里靠近汨罗，水很清，比这个混浊的乱世不知要干净多少倍。这样酿出来的酒，能不醇正？"

屈原听到郢都已被白起攻破，心如刀割，但他努力克制情绪，拭去泪水，正了正衣冠："我也是郢都人氏，近年颠沛流离，辗转东西，不想郢都已经流血漂杵。唉！国之将亡，必有妖孽。先王误信小人，客死异乡，举国哀恸。可现在新君仍被群小蒙蔽，不听忠言直谏。我等徒有高志，又有何用？""砰！"酒坛被摔在地上，屈原解冠披发，狂笑数声，反复吟道："举世皆浊而我独清，众人皆醉而我独醒。"拖着沉重的脚步，摇摇晃晃地走了出去。

三

烈日无休无止地炙烤着汨罗江，醉醺醺的屈原很快就尝到了烈日的滋味——咸的。额头上的汗水流进嘴里，开裂的嘴唇根本挡不住。

想着流放的痛苦与眼前的悲愤，屈原一路吟咏《哀郢》，头脑中盘桓着一支曲子：一开始江静如练，万籁低吟；继而平流缓缓，蜻蜓点水；然后风吹水纹，斐然虎变；接着波澜兴作，冥冥鬼哭；最后惊涛涌起，高山将崩，让人百感交集，黯然销魂。

"先生胸中郁结不小哟！"一个苍老的声音忽然从江畔传来，随后又有一问，"莫不是三闾大夫？"

屈原微微甩了甩头，让自己清醒一些，定睛望去，原来是一渔父。

"三闾大夫为何在此？"

"流放。"

"因何而流放？"

"举世皆浊而我独清，众人皆醉而我独醒。小人当路，君子奈何？我屈平如今志不得伸，简直惶惶如丧家犬，多么凄凉！"

"齐国的大贤人晏子曾说过：'识时务者为俊杰，通机变者为英豪。'那些真正的圣人，从来不会被外物羁绊。世道变，圣人也会变。既然举世混浊，何不随波逐流？既然众人皆醉，何不同享美酒？"

"一个人如果刚沐浴完，必先振衣弹冠，然后才能穿戴，这是洁身自好。与其同流合污，不如让平立刻投身这长河之中！"

"何不学庄子？他逍遥于天地间，无拘无束，

烈日无休无止地炙烤着汨罗江，醉醺醺的屈原很快就尝到了
烈日的滋味——咸的。

正是从心所欲。天地间的飞鸟走兽，不都是以四海为家吗？屈大夫为何死守区区一个楚国呢？"

"我父为楚人，祖父为楚人，曾祖为楚人，屈氏世世代代皆为楚人。吃楚地之食，穿楚地之衣，操楚地之音。我屈平怎能抛弃这生我养我的故土？"

"楚之先祖为季连，季连为老童之后，老童为颛顼之子，而颛顼出自黄帝。追本溯源，楚人仍为华夏之民。荆楚本为蛮荒之地，周成王时，季连之苗裔、先公熊绎才受封于此，至先王熊通、熊赀，渐渐扩大国土。屈氏本由楚之王族分出，原本也非荆楚之人。"

"平自幼饱读诗书，深明君臣父子之义。"

"那么，商汤、周武，他们深明大义吗？"

"这……"

"昔日桀、纣昏庸无道，天下共知，汤、武深明权变之理。屈大夫若事桀纣之主，还谈什么大义？"

"君王岂是桀纣之主？"

"偏信佞臣贼子，与桀纣何异？"

"这都怪佞臣贼子。"

"迂腐！"

"平宁愿做一迂腐书生。"

"如今楚国上上下下，谁人肯听一迂腐书生之言呢？"

"奸佞当道，小人得志，平真是生不逢时。先王待平情同手足，却被小人所误，客死异乡。新君继位后，仍然不辨忠奸，真是天要亡我大楚！"

"大楚？我国原是嫡姓熊氏以及斗、蒍、阳、囊、屈、景、昭几家所有。亡大楚？呵，亡的是一姓之国而已。屈大夫原来只是为了一己私情啊！"渔父大笑三声，划着船，身影渐渐消失在水天相接的地方，屈原一动不动地望着。

四

夜幕降临，四周渐渐昏暗，忽然吹过一阵江风，令人感到清爽，继而又有一丝凉意。不远处篝火通明，烟雾弥漫，时不时传来异样的声音。

远远望去，数个身影在火中跳跃，如百鬼夜

行，隐约似有哭声。悄悄走近，原来是巫觋在跳舞。他们头戴鹤冠，冠下披散着浓密的头发，脸上涂着油彩，一红一蓝，面目十分狰狞，身着锦衣黼裳，上绘赤乌与凤凰，手中挥动着一尺来长的蒲扇，蒲扇正反有黄熊。篝火旁有一具尸体，周围摆放着一些祭品，有羊头、猪肺、河鱼、果蔬等。巫觋用一个声调念着神秘的咒语，木柴则时不时地发出忽大忽小的爆裂声。

"爹，那是什么？"

"《龙凤图》。"

"这个人在做什么？"

"这老妪双手作揖，口中念着咒语，正在招魂。旁边的龙凤，则是用来接引魂魄的。"

"招魂？"

"人死了，魂魄就会离开肉体。魂魄无主，在荒野中自然满怀怨气，残害生人。七七四十九天之内如果有灵巫招魂，尚可延寿。此后魂魄升天，能得其所。"

"升天？"

屈原想起了小时候曾与父亲在太一宫见到的一

幅帛画，那时似懂非懂。看到眼前这番情景，屈原似有所悟——对曾经仰望的上天不那么信服了。

"皇天之不纯命兮，何百姓之震愆！民离散而相失兮，方仲春而东迁。"为什么要升天？天也反复无常，不识是非黑白、忠奸善恶，难怪中原人士经常说天不可信，《诗经》里满是骂天的人。

巫觋见屈原徐徐靠近，并不惊异，也不停歇，反而围着他一阵乱舞。"噼里啪啦"，篝火烧得愈加旺盛。屈原注视着那具尸体，他身长大约一寻，穿着麻衣，同样也披散着头发，却看不清脸。屈原小心翼翼地凑近，俯下身子，揉了揉眼睛。眉毛、眼睛、鼻子、嘴巴、髭须……这不正是自己的模样吗？此时，巫觋对着屈原笑起来，带着悠长的回声，面目则显得愈加狰狞。屈原惊恐万分，大叫一声，昏倒在地。

五

天上飘起了雨，淅淅沥沥。屈原颤抖了一下，睁开眼睛，发现自己躺在满是淤泥的洼地上，篝火与巫觋都已消失不见。他使出浑身力气爬起来，晃晃悠悠地走了几步。散乱的头发已被夜雨打湿，身上沾满了腐臭的淤泥，狼狈狼狈，真是狼狈！他无奈地笑了，拖着摇摇欲坠的身躯，踱至江边。雨已停息，天上的云渐渐飘散，露出朦胧的月。借着微弱的光，屈原看见了自己的倒影，脑中闪过一同出猎的怀王、嫣然一笑的女嬃，不由落下了泪。

慢慢地，他向江心走去……

屈原 生平简表

●◎**楚宣王三十年**（前340）

生于湖北秭归。

●◎**楚怀王十一年**（前318）

任左徒。出使齐国。

●◎**楚怀王十六年**（前313）

奉王命起草宪令，却遭到谗言而被疏远，任三闾大夫。

●◎楚怀王十八年（前311）

再次出使齐国，返楚后谏杀张仪。

●◎楚怀王二十四年（前305）

反对秦楚结盟，被流放汉北。

●◎楚怀王二十九年（前300）

从汉北被召还。

●◎楚怀王三十年（前299）

劝阻楚怀王入秦。

●◎楚顷襄王十三年（前286）

被流放江南。

●◎楚顷襄王二十一年（前278）

自投汨罗江。